BVT

D1932803

Jeden Tag zieht Mangal Chowdury eine Rikscha durch Kalkutta. Wäre er nicht immer auf denselben Straßen unterwegs, hätte er längst die Welt umrundet. Jetzt will der Staat das altertümliche Rikscha-Gewerbe verbieten. Doch wie soll Mangal dann seine Familie ernähren? – Ein 69-jähriger Deutscher bringt in einem rostigen Auto das Internet in ein afrikanisches Dorf. Am Bildschirm sehen die Menschen eine verlockende Welt, in der auch sie leben wollen. Doch ungehindert bewegen können sich nur ihre E-Mails. – Uliana, ein russisches Model, macht sich auf nach Mumbai, weil ihre Hüften einen Finger zu breit sind für die Laufstege von Paris, London oder New York. In Indien aber hält man sie für zu dünn.
In acht Etappen reisen ZEIT-Reporter zusammen mit namhaften Fotografen um die Erde und schildern, wie der weltweite Wettlauf das Leben durcheinanderbringt.

Stefan Willeke, geboren 1964, studierte Geschichte und Politik in Bochum, 1994 promovierte er im Fach Wirtschaftsgeschichte. Heute ist er Reporter der *ZEIT*-Redaktion. In den Jahren 2003 und 2005 wurde er mit dem Egon-Erwin-Kisch-Preis für die beste deutschsprachige Reportage ausgezeichnet, 2006 mit dem Henri-Nannen-Preis für die beste Dokumentation und 2007 mit dem Herbert-Riehl-Heyse-Preis.

Stefan Willeke (Hg.)

IN 81 TAGEN UM DIE WELT

Der Globalisierung auf der Spur

Berliner Taschenbuch Verlag

DIE ETAPPEN

1. **Waidhaus** Deutschland
   Prag Tschechien
   Bratislava Slowakei
   Lviv Ukraine
   Moskau Russland

2. **Omsk** Russland
   Moskau Russland
   Mumbai Indien

3. **Kalkutta** Indien

4. **Nhava Sheva** Indien
   Singapur
   Chiwan China
   Xiamen China
   Xingang China

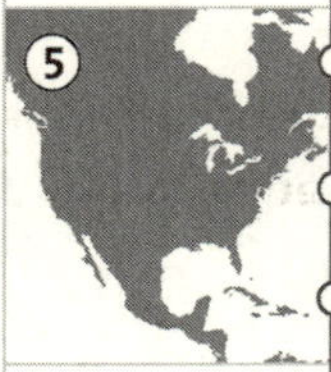

5. **Hangzhou** China
   Elgin USA
   Montpelier USA

6. **San Francisco** USA
   Sacramento USA
   Phoenix USA
   Cancún Mexiko
   Manaus Brasilien

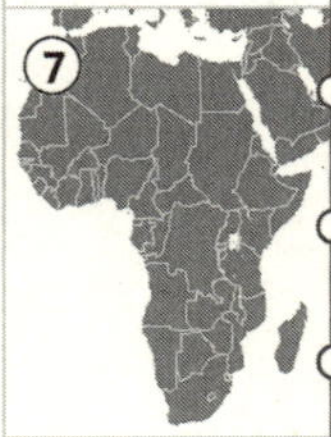

7. **Rio de Janeiro** Brasilien
   São Paulo Brasilien
   Nairobi Kenia

8. **Tema** Ghana
   Prampram Ghana
   Aburi Ghana
   Larteh Ghana
   Accra Ghana
   Hamburg Deutschland

INHALT

Chinesischer Nebel. Oder: Warum es gut war, dass wir nicht wetten wollten 7

Erste Etappe 11
An einer Erdgas-Pipeline nach Osten
von Stefan Willeke

Dinosaurier 31

Zweite Etappe 33
Mit einem Fotomodell nach Indien
von Jana Simon

Hypnose 51

Dritte Etappe 53
Mit einem Rikscha-Zieher durch Kalkutta
von Wolfgang Uchatius

Barfuß 69

Vierte Etappe 71
Per Containerschiff nach China
von Henning Sußebach

Veteranen 91

Fünfte Etappe 93
Mit einem Chinesen in die USA
von Jörg Burger

Schweigen 107

Sechste Etappe 109
Auf den Spuren des Klimawandels nach Südamerika
von Stephan Lebert

Rettung 127

Siebte Etappe 129
Mit Missionaren nach Afrika
von Christiane Grefe

Kinofilme 145

Achte Etappe 147
Mit dem Datenstrom zurück nach Deutschland
von Ulrich Stock

Chinesischer Nebel. Oder: Warum es gut war, dass wir nicht wetten wollten

Der reiche Engländer Phileas Phogg schließt in seinem vornehmen Club eine Wette ab: Wenn es ihm gelingt, in 80 Tagen um die Welt zu reisen, gewinnt er 20 000 englische Pfund. Schafft er es nicht, muss er das Geld seinem Wettgegner zahlen. Phogg und sein Diener werden während der Reise von einem Geheimagenten verfolgt, in Indien befreit der Engländer eine Prinzessin, in China verliert er den Diener, und doch kehrt er am Ende rechtzeitig in seinen Club zurück. Das ist die Geschichte, die Jules Verne in seinem berühmten Buch erzählt.

Als es erschien, kam keiner auf die Idee, schnell jemanden anzurufen, um über die aufregende Welterkundung zu reden. Niemand holte sich im Laden das Buch, stürzte zum Auto und raste heim. Es gab nämlich noch keine Autos, es gab auch keine Telefone. Schon eine keuchende Eisenbahn konnte die Menschen so sehr berauschen, dass ihnen im Zugabteil schwindelig wurde. So war das im Jahr 1873.

Eine bedächtige Welt scheint das gewesen zu sein. Gibt es überhaupt noch etwas, das uns Jules Verne heute mit auf den Weg geben könnte? Viele Fragen gingen uns durch den Kopf, als wir uns vor zwei Jahren in der ZEIT-Redaktion zusammensetzten, um das erste Mal über eine Idee zu sprechen: in 80 Tagen um die Welt.

Sollten wir das versuchen? Sollten wir einen uralten Abenteuerroman in unsere Wirklichkeit übersetzen? Was könnte dabei herauskommen? Nur eine interessante Reise, oder mehr, vielleicht ein Lehrstück? Die Antwort war unklar. Eine große Geschichte sollte es werden, verpackt in vielen kleinen Geschichten, darüber wurden wir uns sofort einig.

Wir, acht schreibende Reporter der ZEIT. Außerdem acht Fotografen. Die Zahl Acht wurde uns ein treuer Begleiter. Wir teilten die Weltreise in acht verschiedene Etappen auf, für jeden von uns Reportern eine eigene Etappe, und insgesamt gaben wir uns 80 Tage Zeit. Nur auf die Wette verzichteten wir.

Die erste Etappe der Weltreise beginnt in Deutschland, hierher führt auch die letzte Etappe zurück. Anfang 2006 brechen wir auf. Jeder von uns hat sich ein anderes Thema gesucht. Als Erstes geht es entlang einer Erdgas-Pipeline von Bayern nach Russland. Danach mit einem russischen Fotomodell nach Indien. Anschließend mit einem Rikscha-Zieher quer durch Kalkutta. Auf einem Containerschiff weiter nach China. Mit einem chinesischen Geschäftsmann nach Amerika. Auf den Spuren des Klimawandels nach Brasilien. Mit brasilianischen Missionaren nach Afrika. Und auf der Fährte von E-Mails aus Afrika zurück nach Deutschland.

Um Menschen geht es, um ihre Geschichten. Wir begleiten diese Menschen, weil sie uns davon erzählen, wie ihr Leben aus dem Takt kommt und warum. Sie berichten uns von einem verwirrenden Phänomen, davon, dass alles Gewohnte und Gewöhnliche in einen Wirbelsturm geraten ist. Dafür gibt es einen Begriff: Globalisierung.

Ich muss zugeben, ich habe dieses Wort jetzt eine Weile hinausgezögert. Schon im ersten Satz hätte es fallen können. Aber es klingt so abgedroschen und abschreckend wie Humankapital oder Leitkultur. Es könnte auch als wissenschaftliche Umschreibung von Hartz IV durchgehen. Was Globalisierung ist, glaubt jeder zu wissen, vor allem, dass sie uns, den westlichen Industriestaaten, Böses will. Sie verteilt Lebenschancen um, sie nimmt uns Arbeit weg und gibt sie anderen, sie ist eine Heimsuchung. Das stimmt, und es stimmt nicht. Vor allem ist all dies nur ein kleiner Ausschnitt dessen, was Globalisierung bewirkt.

Wir kennen die Fernsehbilder von fernöstlichen Arbeiterinnen, die in betongrauen Fabriken T-Shirts für uns in Europa nähen, aber was wissen wir schon über sie? Wissen wir, ob diese Arbeiterinnen weniger glücklich sind als wir? Sind ihre Träume vielleicht sogar schöner als unsere? Sind sie gar nicht Opfer eines brutalen Wirtschaftssystems, sind sie das nur in unseren Köpfen? Ist es in Wahrheit ganz anders: Freuen sich die Näherinnen auf jeden neuen Tag? Fühlen sie sich wie Siegerinnen, wenn sie morgens in ihre Fabriken laufen?

Die Globalisierung hat viele unentdeckte Stellen, die man finden kann, wenn man die ausgetretenen Pfade verlässt. Es geht bei diesem Thema nicht mehr nur um Handelsströme oder Arbeitsplätze. Um Glauben geht es, Gefühle, Gedanken. Deshalb sind wir losgezogen.

Hätten wir vorher eine Wette abgeschlossen wie damals Jules Vernes Romanheld, hätten wir sie verloren. Zum Schluss haben wir noch einmal zurückgeblickt und festgestellt, dass eigentlich nichts schiefgegangen ist, nichts Wesentliches. Aber wegen des dichten Nebels vor der chinesischen Küste haben wir 81 Tage gebraucht.

Stefan Willeke
Hamburg, im Juni 2007

ERSTE ETAPPE

An einer Erdgas-Pipeline nach Osten

von Stefan Willeke

An einem dieser endlosen Winterabende, als wieder einmal nichts zu hören ist außer dem Surren der Turbinen, stapft Bruno Brenner zurück zu seinem Pförtnerhaus und schaltet das uralte Saba-Radio ein. Durch eine Scheibe aus schussfestem Glas blickt der Wachmann ins bayerische Schneegestöber, im Radio läuft »Rivers of Babylon« von Boney M. »Sie müssen mal im Sommer kommen«, sagt er, »dann zirpen hier abends die Grillen.« Ob Heiligabend, Silvester, Ostern – Bruno Brenner schaut aus diesem Fenster auf dieses abgesperrte Gelände an der deutsch-tschechischen Grenze. Sogar das Glimmen einer Zigarette weit draußen in der Finsternis würde Brenner erkennen, aber da ist nichts, nur die milchige Silhouette des Oberpfälzer Waldes. »Sie denken wohl, ich bin einsam«, sagt er, »aber ich bin nicht einsam.« Die anderen Arbeiter sind nach Hause gegangen, nur der Elektriker drehe bestimmt noch seine Runde. Und Hektor ist ja auch noch da, »der gute Hecki«, der treue Schäferhund. »Sehen Sie, hier geht alles, sogar dieses Radio«, sagt Bruno Brenner, dreht die Musik ganz leise und schweigt. Mit der Stille hat er sich angefreundet, weil sie ihm sagt, dass nichts Außergewöhnliches geschehen ist. Das Außergewöhnliche ist Bruno Brenners Feind, schon ein plötzliches Geräusch kann ihn aus der Ruhe bringen. Ein Hase, der gegen den Stacheldrahtzaun rennt. Oder ein Pfeifen. Dann ruft Brenner den Elektriker herbei und fragt: »Hermann, da hinten pfeift was. Ist das normal?« Der Elektriker läuft sofort zur Maschinenhalle und schaut nach, kehrt zurück und ruft: »Bruno, alles normal!« Das kann ein erlösender Satz sein für den Mann, der das russische Erdgas bewacht. Dieser Stoff, glaubt der Wächter, müsse eine ungeheure Kraft besitzen, stark genug für einen Gaskrieg. Wie neulich zwischen Russland und der Ukraine.

»Hier geht was durch«, sagte der Elektriker einmal und nannte eine hohe Zahl, etwas Fünfstelliges mit Megawatt, aber weil Bruno Brenner nicht gleich verstand, setzte der Elektriker nach. »Stell dir vor, die Leistung von 15 Atomkraftwerken.« Da schaute sich Brenner die Landkarte an, die hinten in der Gasstation hängt, die mit den vielen bunten Strichen, den Erdgas-Pipelines in Europa. Mit einem Finger fuhr Brenner über die Landschaft, suchte erst sich selbst, Ostbayern, die Staatsgrenze. Danach folgte er der südlichen Hauptleitung rückwärts, der Fließrichtung des Erdgases entgegen. In Gedanken flog er durch Tschechien, die Slowakei, Ukraine, Russland, bis Brenner an den Gasfeldern in Sibirien landete. Nur im Fernsehen sah er einmal Sibirien und hörte das Erdgas zischen. Es klang wundervoll. Sechzig Jahre ist Brenner alt, ein bisschen Zeit gibt er sich noch, dann will er unbedingt in jene Gegend, aus der die deutsche Wärme stammt.

Mit vier Ländern im Osten ist Deutschland über die Pipeline verbunden, die Anfang der siebziger Jahre gebaut wurde. Gegen den Willen der Amerikaner, die keine Achse zwischen der Bundesrepublik und den Kommunisten wollten. In gewisser Weise ist diese Pipeline ein Prototyp der Globalisierung, das Wirtschaftliche setzte sich über das Politische hinweg und überwand Staatsgrenzen. Will man herausfinden, wie es weitergegangen ist mit der Globalisierung, stößt man vielleicht auf Antworten, wenn man sich anschaut, wie es heute links und rechts der stählernen Rohre aussieht. Eine Rückreise muss man antreten, der Pipeline folgen.

In der bayerischen Übergabestation des Energiekonzerns E.on Ruhrgas übernehmen die Deutschen von den Tschechen das Gas, trocknen es, beschleunigen es und pumpen es weiter. Es fließt danach durch Bayern und Baden-Württemberg, erwärmt am Ende auch das südliche Frankreich.

Wäre alles so einfach wie in einem Kinderbuch, könnte Bruno Brenner einen Hahn zudrehen, und Edmund Stoiber in

Wolfratshausen müsste frieren. An den Fensterscheiben der Straßencafés in Lyon würden sich Eisblumen bilden, und in den Luxushotels an der Côte d'Azur müssten die Gäste schlottern. Die Globalisierung hat Menschen miteinander verkettet, die davon nichts ahnen. Sie hat ein tausendfach verknotetes Netz auf die Welt geworfen, ein Netz aus wechselnden Abhängigkeiten. Rohstoffe und Arbeit, Musik und Glauben, weltweit fließt alles hin und her. Nur einen Ausschnitt davon zeigt die Erdgaskarte in Bruno Brenners Station. Manchmal versucht er, sich klar zu werden über die Wirkungsgewalt des Stoffes unter ihm, aber das will ihm nie richtig gelingen. »Ich bin sehr stolz«, sagt er nur.

Wer in der unscheinbaren Station von E.on arbeiten darf, hat in dieser Gegend das große Los gezogen. Ein sicherer Job, pünktlicher Lohn. »Die Gelddruckmaschine«, sagen sie im Dorf, wenn sie die Gasstation meinen. Sie reden darüber wie über eine karibische Insel. Waidhaus heißt das Dorf, und so verzweifelt sucht es nach einer Zukunft, dass es Arbeitgebern einen Quadratmeter erschlossenes Bauland für 6,50 Euro anbietet.

Manchmal fahren Techniker aus der Gasstation ins Dorf, klingeln an Haustüren und klemmen das Gas ab bei Menschen, die sie vielleicht aus der Nachbarschaft kennen oder vom Elternabend in der Schule. Diese Menschen können ihre Gasrechnung nicht mehr bezahlen. Jedes Mal ist die Rechnung höher, die Gaspreise scheinen nur eine Richtung zu kennen. Das hat mit dem Ölpreis zu tun, an den der Gaspreis gekoppelt ist. Und der Preis für Öl steigt auch deshalb, weil Inder und Chinesen so viel Öl kaufen.

Die Globalisierung ist ein bisschen so, wie Bruno Brenner das Erdgas beschreibt: »Man riecht nichts, man hört auch nichts. Aber es kann ganz schön was anrichten.« Zum Beispiel wird schon über Pipelines nachgedacht, die Gas aus Russland auf direktem Weg nach China bringen. Wenn es so käme, wären die Westeuropäer nicht länger Russlands Lieblingskunden. Dann müssten Deutsche und Franzosen mit Chinesen darum wetteifern, wer wie viel vom russischen Erdgas abkriegt, dem besten Erdgas der Welt.

Bruno Brenner gehört nicht zu jenen Menschen, die kleine Begebenheiten unbedingt in einen höheren Zusammenhang stellen wollen. Am liebsten denkt er über Sachen nach, die er in die Hand nehmen kann. Dennoch hatte er mit einem Mal das Gefühl, sein Leben entziehe sich ihm. Als werde es in die immergleiche Richtung gedrückt. Dieses Gefühl begann sich zu regen, als Brenner vor zehn Jahren seinen Job als Lagerchef in einer Porzellanfabrik nahe der Grenze verlor. »Das lag an den Tschechen und Polen.« Sie stellten Tassen und Teller viel billiger her, und die Warenregale in Brenners Lager blieben nun bedrohlich voll. Ein Porzellanhersteller nach dem anderen gab auf, andere Firmen zogen auf neu angelegte Flächen in Tschechien. »Lauter Ausbeuter habe ich rüberfahren sehen«, sagt Brenner, »die Tschechen haben es uns gezeigt.« Atemlos schießt er seine Sätze heraus, als müsse er vor der nächsten Stille schnell seinen Akku leeren. Wie wenig Glück er mit Frauen hatte, erzählt er auch.

Die sich wandelnde Welt da draußen wurde erst gut zu Bruno Brenner, als er das Gas aus Russland beschützen durfte. An einem Abend kaufte er sich ein Anzeigenblatt, eigentlich nur, um die Zeit totzuschlagen. »Vielleicht klappt es ja drüben«, sagte er sich und schrieb nach dem Dienst auf einen Vordruck, der dann als Zeitungsinserat in der Ukraine erschien: »Suche nette Frau, eventuell zum Heiraten.« Brenner zieht ein Foto aus seiner Brieftasche und ruft begeistert: »Das ist sie. Tamara. Mein Lottotreffer!« Sie ist 46, hat ihr Haus in der

Ukraine verkauft und ist mit ihren Töchtern zu ihm gezogen. Sie hat Brenner erzählt, dass vor den Gasstationen in der Ukraine kein Gärtner den Rasen mäht. Und dass die Russen nichts taugen. Einmal ist sie zurückgefahren in die Heimat, nur kurz, nur wegen ihrer vier kaputten Backenzähne. Die hat sie sich von einem Zahnarzt in der Ukraine vergolden lassen. Für 48 Euro.

»Alles, sie kann alles, kochen, bohren, kochen«, sagt Brenner. Er streicht sich über den kugelrunden Bauch und sagt: »Das war sie auch.« Lächelnd steckt er sich eine seiner Mentholzigaretten an. »Ohne das hier«, mit einer Faust schlägt er ausgelassen auf den Tisch, ohne das Erdgas und ohne diese Abende, »hätte ich Tamara nie gefunden.« Die schönste Himmelsrichtung seines Lebens hat er entdeckt.

Hält man sich an Bruno Brenners Richtung, dann folgt man unweigerlich dem Weg des Erdgases zurück nach Russland. »Pilsen 75 km«, das Schild ist halb eingeschneit. Eine Kneipe, die »Zum Türken« heißt, deutsche Grenzschützer. Aber die Gasleitung ist verschwunden. Schon vor langer Zeit wurde sie vergraben. Doch an einigen Stellen könne sie sich nicht verstecken, hat Bruno Brenner gesagt. »Sie sehen vielleicht eine Spur.« Tatsächlich, über einen verschneiten Acker neben der Autobahn nach Prag läuft eine braune Linie. Das Gas ist jetzt wärmer als seine Umgebung und weicht den Boden auf.

Auf einer kahl gewehten Hochebene südlich von Prag, die man hier »Böhmisch Sibirien« nennt, steht ein Mann neben Rohren im eisigen Wind und preist die Gnade des Wetters. »Der Herbst in Tschechien war warm, wir brauchen jetzt die kalten Tage«, sagt der Chef des unterirdischen Erdgasspeichers in Haje. »Für uns«, sagt er und meint die Erdgasgesellschaft, »ist der Winter die Erntezeit.« Minus fünf Grad, ein vielversprechender Erntetag.

Es ist Sonntagnachmittag, in einem Vorort von Prag sitzt der Maschinentechniker Ladislav Kubena auf einem Sofa in seinem Wohnzimmer. Die Wanduhr tickt, eine wohlige Wärme füllt den Raum. Erdgas. In seinem Ferienhaus vor der Stadt: Erdgas. In seiner Zweitwohnung in Tachov nahe der Grenze: Erdgas. Gleich muss er wieder dorthin. Für seine Firma RWE Transgas, die das Gas durch Tschechien leitet, fährt er sonntags zur Grenze, bleibt bis Freitag, fährt zu seiner Frau nach Prag zurück. Und wieder zur Grenze. Dort trifft er die Deutschen und die Leute vom russischen Energielieferanten Gasprom. Ihr Auftrag ist, sich auf Zahlen über Gasmengen zu einigen. Sogar die achte Stelle hinter dem Komma bringt noch so viel Geld, dass man darüber in Streit geraten kann. Von Montag bis Freitag ist Kubena die Tschechische Republik und rechnet die Ernte ab. Deutschland stellt die Räume, Frankreich schickt nur einmal im Monat jemanden, Russland dagegen ist ständig zu dritt. Daran merkt man ziemlich gut, wer in diesem Geschäft die Macht besitzt. Der 55-jährige Ladislav Kubena verdankt seinen krisensicheren Job und einen Dienstwagen einer großen Allianz des Misstrauens. Kubena sagt: »Erdgas ist super.«

Während seiner Spaziergänge durch Tachov sieht er all die neuen Gasanschlüsse. Die meisten Menschen haben jetzt Gas, nachdem die tschechische Regierung Anfang der neunziger Jahre in großen Kampagnen dafür warb. Manchmal jedoch stößt Kubena auf etwas, das nach einer vergessen geglaubten Epoche riecht. Es ist der Geruch von Verbranntem. Nachbarn heizen wieder mit Holz oder Kohle, obwohl sie schon lange Gasanschlüsse haben. »Es geht wieder los«, sagt Kubena, »überall.«

Fährt man durch die kleinen Orte neben der Transitroute des Erdgases, sieht man schon von weitem den zähen Qualm, der in den böhmischen Tälern hängt. Die Vergangenheit kehrt zurück, weil sich viele Menschen die Moderne nicht mehr leisten können. Durchschnittsverdiener in Tschechien müssen zwei Monate im Jahr allein für ihr Erdgas arbeiten. Sie flüchten vor den Preisen. Einige Leute machen sich an den Leitungen in ihrem Haus zu schaffen und versuchen, illegal Gas abzuzapfen. In einem Ort in Mähren blieb nach einer Explosion nur die Ruine eines Wohnhauses übrig, beim Abzapfen war etwas schiefgegangen.

In einem Dorfgasthof bei Prag erzählt der Wirt von seinem großen Glück. Im Keller fand er einen alten Kohleofen, als er vor kurzem die Kneipe übernahm. Der Gasanschluss schert ihn nicht, viel zu teuer. Lieber lässt er einen Laster kommen und Eierkohlen vor seinen Kellerschacht kippen, wie früher. Die Kesselfabrik im Nachbarort, sagt der Wirt, habe wieder Aufträge, weil Holz- und Kohlekessel plötzlich gut laufen. »Die beiden Sägewerke hier merken es auch«, sagt er. Für 300 Kronen, zehn Euro, kriegen die Leute dort einen großen Sack mit Holzresten. Er zögert ein wenig mit seinen Antworten, entschuldigt sich für den Geruch des Ofenfeuers und wendet sich tuschelnd an seine Frau. Nach einer Weile redet er weiter.

Man könne auch, sagt er, einen Termin beim Förster machen. Wegen der markierten Bäume im Wald, die man dem Förster abkaufen, selbst fällen und mitnehmen darf. Selbst nasse Bäume sind so begehrt, dass einige Förster nicht mehr nachkommen und schon Wartelisten führen. Wer am Waldesrand wohnt, habe es besonders gut, glaubt der Wirt. In der Dunkelheit holen die Leute alles raus, was in ihre Schubkarren passt. In Parkbuchten am Wald halten abends Autos, ihre Heckklappen bleiben lange offen. Es gibt jetzt auch Leute, die sogar ihren Müll verheizen. Und in einigen Baumärkten sind Motorsägen schon ausverkauft. Auf einmal hält der Wirt inne und fragt:

»Und Sie kommen wirklich nicht von einem dieser Umweltvereine?«

Der Zug in die Slowakei donnert über den Grenzfluss Morava, und von weitem sieht man die silbrige Gas-Pipeline im Dunst. Sie krümmt sich mächtig über dem Wasser und verschwindet sofort wieder in der Erde. Als winde sich ein riesenhafter Wurm über den Fluss. In der slowakischen Stadt Nitra taucht der Wurm noch einmal auf. Genau genommen sind es fünf Würmer dicht nebeneinander, fünf dicke Leitungen. In der Nähe liegt ein Knotenpunkt, an dem sich die Pipelines mit dem russischen Gas teilen, nach Österreich und Deutschland führen, nach Ungarn und zum Balkan.

© Michael Herdlein

Der 60-jährige Wachmann Bruno Brenner sitzt oft nachts alleine im Pförtnerhaus der Erdgasstation an der deutsch-tschechischen Grenze und passt auf, dass nichts passiert.

Von der Hauptleitung laufen oft kleinere Rohre weg, mit dem Gas ist es so verworren wie mit der Globalisierung. Ein großes Durcheinander. Folgt man den Abzweigungen und Umwegen, kann man auch etwas über die indirekten Auswirkungen erfahren, die Begebenheiten, die eine Pipeline nicht erzählen kann.

Es ist spät, als der Psychologe Ján Hrustic heimkehrt, die Sichel des Mondes hängt schief am nachtschwarzen Himmel. Hrustic setzt Tee auf und macht einen Krautsalat. Er sieht müde aus. Eine kleine Ewigkeit brauchte Hrustic für den Heimweg, es war wieder viel Stau. Die westliche Slowakei wurde von internationalen Firmen als lohnenswerter Standort entdeckt. Ford, Honda, Lidl, Fabrikwürfel kleben an den Zubringern der Autobahn. Müsste er aufzeichnen, wo die Slowakei ihre Energie verbraucht, dann würde er viel Platz frei lassen und ganz links einen dicken Fleck malen. »Unser Land hat sich geteilt«, sagt der 54-Jährige, der in einer psychosozialen Beratungsstelle in Bratislava arbeitet. Im Westen der Slowakei sammelt sich das Geld der Investoren, in den Bars und Internetcafés spielen sie die Hits von Madonna. Studenten an der Uni hört Hrustic über Dublin oder Brüssel reden, wenn sie über ihre Zukunft sprechen. Alles scheint ihnen auf einmal möglich, die Globalisierung ein herrlich vages Glücksversprechen. Aber wo die Autobahn endet, da sei von diesem Gefühl nichts mehr zu spüren. Kurz hinter Nitra ende der Traum.

Auf der anderen Seite strömt das Erdgas ins Land, aber dafür hat Hrustic keinen Blick, weil das Gas vorbeifließt an den Schicksalen, die ihn rühren. »Gas ist nichts für arme Leute, es bringt ihnen nichts«, sagt er. Alle paar Monate bricht Ján Hrustic nach Osten auf, um seine 84-jährige Mutter zu besuchen. Sie lebt nahe der Grenze zur Ukraine, nicht weit entfernt von Velke Kapusany, wo sich die Pipeline kurz zeigt. »Ich brauche dorthin elf Stunden mit dem Autobus«, sagt Hrustic, »länger als mit dem Flugzeug nach Indien.«

Schaut sich Ján Hrustic in dem Dorf seiner Kindheit um, sieht er ungeteerte Straßen, leer geräumte Schaufenster, lauter Menschen in abgetragenen Mänteln – Szenen einer ewigen Winterstarre. Händler von drüben, aus der Ukraine, gehen von Tür zu Tür, verkaufen billig Zucker, Schnaps und Zigaretten. Viele Leute haben keine Arbeit. »Ich spüre eine Aggression, die es früher nicht gab. Die Menschen helfen einander nicht mehr.« Und das Gas? »Ach, unmöglich«, seine Mutter kriege eine Rente von umgerechnet 120 Euro, davon gebe sie einer Tochter noch etwas ab. Durchschnittsverdiener arbeiten in der Slowakei drei Monate im Jahr allein für ihr Gas, und die Preise steigen weiter. Wenn die Pipeline so etwas ist wie eine Schlagader der globalisierten Welt, dann ist die Blutzufuhr in dieser Gegend unterbrochen.

Früher konnte das Dorf wenigstens mit Indern und Chinesen Geschäfte machen. Die Flüchtlinge kauerten in einer Höhle im Wald, Einheimische verkauften ihnen Gemüse und Brot. Einige im Dorf spezialisierten sich als Schleuser, übernahmen die »Illegalen« an der Grenze und fuhren sie zu versteckten Unterkünften im Westen des Landes. Weil die Inder und Chinesen Flussbrücken mieden, kletterten einige von ihnen auf Gasleitungen zum anderen Ufer. Aber jetzt ist diese Grenze ja Außengrenze der Europäischen Union, wird mit Helikoptern überwacht, und das Flüchtlingsgeschäft ist nur noch eine Sache für Profis. Inder und Chinesen robben nicht mehr über Gasleitungen, sie treiben die Gaspreise auf dem Weltmarkt hoch.

Im Dorf boomen nur noch die Krankheiten. Ján Hrustic nennt sie »die alten Krankheiten«. Schwere Männer, die schwankend aus Haustüren treten und tot auf die Straße kippen. Herzversagen. Leberzirrhose. Es ist ihr Leiden, das Auskunft gibt über ihr Leben. In der Großstadt Bratislava dagegen, wo die »neuen Krankheiten« gedeihen, hat es der Psychologe mit Patienten zu tun, die zu viel denken. Mit Managern, die nachts im Bett die Terminpläne nicht mehr loswerden. Ängste, Psychosen, die Symptome des Westens, tausend Beziehungsprobleme.

Es ist bald Mitternacht, als Ján Hrustic zu Ende erzählt hat, noch mitkommt bis zur Gartenpforte und eine gute Reise wünscht. Seine Frau hat sich die ganze Zeit nicht blicken lassen. Die beiden wohnen im selben Haus, aber auf verschiedenen Etagen. Sie haben schon eine Menge ausprobiert und glauben jetzt, dass sie ihre Ehekrise meistern können, wenn sie nicht mehr miteinander reden.

Als der schäbigste Platz der Welt nach vielen Stunden Autofahrt auftaucht, erkennt man ihn gar nicht. Sollte hier nicht die allgemeine Unordnung beginnen? Das Chaos? So hat es der bayerische Wachmann Bruno Brenner beschrieben. »In der Ukraine«, sagte er, »sind sogar die Leitungen ungepflegt.« In Uzhgorod nahe der westukrainischen Grenze würde Bruno Brenner staunen. Die Gasstation sieht aus wie von deutschen Kleingärtnern hergerichtet. Überall Beete mit Rosenstöcken, die Wurzeln der Blumen sind mit Rindenmulch geschützt. Niemand soll behaupten können, hier sei etwas nicht vorbildlich. »Europa liegt vor uns«, sagt der Chef.

Nur einen Fehler gibt er zu, dieses gigantische Wort vor der Station: »Bruderschaft«. Betoniert für die Ewigkeit. Der Schriftzug stammt aus der Zeit, als die Sowjetunion den Zusammenhalt des sozialistischen Wirtschaftsraumes beschwor. Bruderschaft hieß früher ein Abschnitt der Pipeline. Wie ein Denkmal steht der Appell in der baumlosen Weite.

Auf der Transitstraße, die von der Grenze nach Lviv und weiter nach Kiew führt, quälen sich ausrangierte Armeelaster die Karpaten hoch. Die Lastwagen haben runde Augen, überhaupt ist alles an ihnen groß und rund. Ihre Außenspiegel könnten abstehende Ohren sein. Im Grunde bestehen diese Lastwagen nur aus gewaltigen Rädern, einem Schaltknüppel und einem freundlichen Gesicht. Sie sind so, wie Lastwagen in deutschen Kinderzimmern vor dreißig oder vierzig Jahren waren. Sie erinnern daran, wie urwüchsig ein Auto war, bevor es sich mit Dioden schmücken musste. Eine Karawane, die vom Wert des Wesentlichen erzählt, rollt hinauf in die Berge.

Einige Laster fahren in die Industriegebiete der Ukraine, wo Westeuropa Kleider nähen lässt und Web-Designer anheuert. Zurück bleiben die Händler am Straßenrand, die gegrilltes Fleisch und Wasserflaschen anbieten. Niemand hält ihretwegen an. Vielleicht werden sich auch sie bald auf den Weg machen, wie so viele aus dem Dorf Koltschyno am Fuße der Karpaten. Nur eine dürre Gasleitung läuft den Hang hinauf, die große Pipeline liegt im Talkessel, jenseits des Dorfes.

Der Gottesdienst in Koltschyno endet, in der kleinen orthodoxen Kirche bekreuzigen sich Frauen in gebückter Haltung, eilen hinaus und kämpfen mit dem Wind um ihre Kopftücher. Die jüngste der Frauen ist vielleicht sechzig Jahre alt. »Die Alten bleiben hier, ihre Kinder sind im Ausland«, sagt Pater Vasilij, ein vollbärtiger Mann im glitzernden Ornat. Das Stahlwerk im Ort habe die meisten Arbeiter gefeuert. Die Fabrik werde weiter leiden, weil die Russen nach dem großen Streit mit der Ukraine den Gaspreis verdoppelt haben. Das trifft vor allem die Industrie, nicht die privaten Verbraucher, weil das Gas aus eigenen Lagern in der Ukraine für warme Wohnungen reicht. Die Firmen aber sind angewiesen auf das, was ihnen die Pipeline aus Russland bringt.

»Die Alten«, sagt der Pater, »können sich wichtige Medikamente nicht leisten. Wir kriegen Hilfe aus Österreich.« Deswegen wäre es eine Katastrophe, wenn der Staat die steigenden Gaspreise irgendwann doch an die Menschen weitergeben würde. Viele der Jungen, sagt der Pater, seien nach Polen gegangen, nach Tschechien, in die Slowakei. Einige haben Englisch gelernt und es weit gebracht – bis nach Irland, wo sie in Hühnerfarmen helfen oder in Callcentern. Andere zogen nach England, wo sie in Badeorten Touristen massieren oder auf Kinder aufpassen. Wieder andere gingen nach Spanien, wo sie alte Menschen pflegen. Einen Teil des Lohns schicken sie den Eltern in der Heimat. Von dem Geld, das die alten Menschen in Spanien geben, kommt etwas bei den alten Menschen in der Ukraine an – das ist die einzige Globalisierung, die der Pater kennt.

Auf der Straße nach Lviv stehen Polizisten mit Pelzmützen, halten Autos an und leuchten mit Taschenlampen hinein. Sie suchen Schleuser und Flüchtlinge, manchmal auch deren Bestechungsgeld. Die Straße entfernt sich mehr und mehr von der großen Transitleitung. Nach drei Stunden Fahrt durch die Karpaten rollt sich das Land platt aus. Ein Teppich aus Wiesen und Äckern. Bauern treiben ihre Pferde an, auf hölzerne Fuhrwerke haben sie Getreidesäcke geladen.

In Bilche Volytsa wartet schon Wiktor Spanchak hinter einem hohen Zaun. Spanchak führt durch ein abgeriegeltes Reservat aus Röhren und sagt: »Das ist der größte Erdgasspeicher in Europa. Zumindest wenn man Russland nicht zu Europa rechnet.« Seinem Satz hört er amüsiert hinterher, natürlich rechnet er Russland nicht zu Europa. Spanchak leitet alle Erdgasspeicher der Region, die Reste einer nationalen Unabhängigkeit hat er unter sich. Hätte er mehr von diesem Stoff, brauchte man die Russen nicht. Eine theoretische Unabhängigkeit also, aber an Spanchaks Stolz ändert das nichts.

Die Höhepunkte auf seiner Besichtigungstour sind die

Plomben. »Hier kann niemand was stehlen«, sagt er, sobald er ein Messgerät mit einer Plombe sieht. Die Ukraine stehle Gas, das für Westeuropa bestimmt sei, behaupteten die Russen Anfang Januar. Vor Jahren gab es schon einmal diese Anschuldigung. Die Russen sind geübt darin, ihre Wahrheit in Westeuropa zu verbreiten. Sie sind immer eine Pressemitteilung schneller als die Ukrainer. Auch deswegen kann man in den großen Erdgasfirmen des Westens jede Menge Schlechtes erfahren über die Ukraine. Ganz ähnlich müssen Schiffskapitäne früher über Piraten geredet haben.

Wiktor Spanchak öffnet eine Tür und steht in dem liebevoll eingerichteten Nebenzimmer eines Restaurants. »Das war früher ein Kleidungsgeschäft, es ging pleite. Jetzt gehört der Laden uns«, sagt er stolz, »uns«, der staatlichen Erdgasgesellschaft Naftogas. Auf den Kaminsims hat ein Kellner eine Packung Zigaretten gelegt. Gut möglich, dass der Boss nach dem vierten Schnaps unbedingt rauchen will. »Wir«, sagt Spanchak, »haben den Leuten billiges Erdgas beschafft.« So billig, dass die Leute ihren Gasofen anstellten, wenn es ihnen in der Küche nicht schnell genug warm wurde. Das Gas wurde den Russen nicht nur zu einem Spottpreis abgekauft, es wird auch noch vom ukrainischen Staat subventioniert.

»Wir sind die soziale Sicherheit«, sagt Spanchak, »die Städte kriegen von uns so viel Steuern, dass sie davon ihre Ärzte und Lehrer bezahlen können.« Naftogas hat Erholungsheime für seine Leute, Akademien, Wohnungen. Naftogas unterstützt Schulen und Krankenhäuser. Noch nie sei ein Angestellter von Naftogas aus wirtschaftlichen Gründen entlassen worden. Mehr und mehr sickert die Marktwirtschaft ins Land, bei Naftogas aber hat der Sozialismus überwintert. Zwei Systeme stehen sich gegenüber, und wenn es so läuft, wie es überall läuft, dann weiß man schon jetzt, welches System übrig bleiben wird. Je schneller die Gaspreise steigen, desto eher ist der ukrainische Gassozialismus erledigt. Die Marktwirtschaft kriecht auch durch die Pipeline.

Das Handy eines Assistenten klingelt, nichts Dringendes, nur eine kleine Terminsache. Wiktor Spanchak schaut ihn fragend an. »Es ist gar keine Schule, die wir morgen einweihen sollen«, sagt der Assistent, »sondern eine Kirche.«

Es ist fünf Uhr früh, als der Mann vom russischen Energiekonzern Gasprom im Hotel auftaucht, um die deutschen Journalisten abzuholen. Er hat sich eine halbe Stunde verspätet und sieht sich mürrisch im Foyer um. »Ich habe verschlafen«, sagt er. Gasprom hat es der ZEIT verwehrt, in Russland Gasstationen zu besuchen. Keine Genehmigung, wochenlanges Hin und Her, dann Funkstille. »Kommen Sie nach Moskau«, hat eine Dame von Gasprom schließlich am Telefon gesagt, »es gibt eine einzige Gelegenheit. Auch viele andere werden da sein.« Es geht um die neue Pipeline durch die Ostsee.

»Wo ist die deutsche Gruppe?«, fragt Denis Ignatiew, der Pressebetreuer von Gasprom. Die deutsche Gruppe ist stecken geblieben. Die kleinen Flugzeuge aus Düsseldorf und Hannover brachen ihre Reise ab, zu dichter Nebel über Moskau.

»Sie sind der Einzige? Na gut, kommen Sie.«

Ignatiew steigt in einen Reisebus, von den fünfzig Plätzen bleiben 48 leer. Dem Fahrer befiehlt er, sich zu sputen. Noch liegt der Rote Platz leblos da, der Bus treibt Schwaden aus Schneeflocken vor sich her. Wie Fabelwesen, die fließend ihre Form wechseln, schweben sie im Licht der Scheinwerfer.

»Ich habe was über die Ukraine«, sagt Ignatiew, greift in eine Plastiktüte und holt Papiere heraus. Gebündelte Vorwürfe und Attacken. Ein bisschen Propagandamaterial für die lange Reise.

»Bald ist dieses Problem erledigt.« Er lacht. Noch oft wird

gelacht an diesem Tag, Champagner wird fließen. Wenn erst die neue Gasleitung durch die Ostsee fertig ist, können die Russen viel mehr Gas als bisher nach Westen leiten, an der Ukraine vorbei, und die Pipeline der Bruderschaft wird dann nicht mehr so wichtig sein.

Eine Leitung durch das Meer. Ein neuer Strich auf der Landkarte in Bruno Brenners Station. Ein neuer Faden im Netz der Globalisierung. Mehr Erdgas für Westeuropa. Nachschub für die Engländer, denen die heimischen Gasreserven ausgehen. Die Russen bestimmen die Regeln, sie können den Gaspreis heraufsetzen, Staaten bestrafen und ihnen den Hahn zudrehen. Sie spielen mit der politischen Gewalt des Gases. Dem russischen Gas verdankt Bruno Brenner seinen Job, wegen der Gaspreise sammeln Menschen in Tschechien Holz im Wald. Vielleicht glauben die Leute bei Gasprom sogar, dass ihnen niemand die Macht über die Wärme nehmen kann. Vielleicht glauben sie an eine Illusion.

In der globalisierten Welt ist Russland ein Nebenschauplatz, ein weithin armes Land, das der Moderne hilflos trotzt. Niemand redet begeistert über Russland, wenn er über die Wirtschaftsmächte von morgen redet. Aus kaum mehr als Erdgas gewinnt Russland seine Macht, aber selbst diese Macht ist vorübergehend und schon gefährdet. Auch Norwegen liefert Gas durch Pipelines, auch Holland. Die Zukunft könnte ganz woanders liegen, an den Küsten von Afrika. Aus Qatar und Nigeria bringen billige Frachter schon heute verflüssigtes Gas. Den starren Pipelines sind sie überlegen, weil sie sich an keine feste Route halten müssen. Sie beliefern Japan, die USA, auch Südeuropa. Was das für die Gasfelder in Sibirien bedeutet, ist noch lange nicht ausgemacht. Der russische Sieg ist ein Etappensieg in einer einzigen Disziplin. Bald gewinnt vielleicht ein anderer die nächste Etappe. Und von irgendwoher kommt wieder ein anderer und macht das Rennen. Und danach wieder ein anderer. Globalisierung.

Politiker und Wirtschaftsführer sind zu einem unbewohnten Fleck bei Babajewo gereist, 700 Kilometer nordöstlich von Moskau. Kameraleute lauern auf symbolische Sekunden, ein winziges Stück der neuen Pipeline wurde eingeweiht. Taubenblauer Himmel, minus 22 Grad. Warme Luft wird ins VIP-Zelt geblasen, gleich soll sich Alexej Miller zeigen, der Boss des Konzerns Gasprom. In einem Pelzmantel rauscht er heran, sagt nichts, steht nur da mit einem unbewegten Lächeln, sagt noch immer nichts, hebt triumphierend die Arme und genießt die Blicke der Gäste. Mit einem angedeuteten Gruß marschiert er davon, ein tosendes Feuerwerk löst ihn ab. Raketen schießen empor, Hunderte, Tausende, der Himmel glüht. Im russischen Nirgendwo wird die Hoffnung auf eine neue Abhängigkeit gefeiert, eine Abendgesellschaft schaut durch eine Röhre auf die Welt. Im Jahr 2010 soll die Ostsee-Pipeline fertig sein. Das ist das Jahr, in dem Bruno Brenner in Rente gehen wird.

Dinosaurier

Als das Freudenfeuerwerk verglüht, beginnt die große Party einer kleinen Elite. Wodka läuft aus Plastikkanistern, draußen vor dem Festzelt friert die herabstürzende Nacht die Birkenwälder steif. Soll man von hier aus der Pipeline nach Osten folgen, bis an ihren Anfang in Sibirien, wo das Gas aus der Erde schießt? Soll man es gegen den Willen einer Firma probieren, die sich Energiekonzern nennt, in Wahrheit aber eine Staatsmacht ist?

Mit Gasprom ins Gespräch zu kommen ist eine sehr einseitige Angelegenheit. Man ruft in der Presseabteilung des Konzerns an, die einem so groß vorkommt wie ein ganzes Gaskraftwerk, aber tagelang erreicht man niemanden. Man wird verwiesen an Assistentinnen und Unter-Assistentinnen. Man schickt Faxanfragen und E-Mails, lässt Briefe ins Russische übersetzen, versucht es über Außenstellen des Unternehmens, über den Sohn eines Chefs einer Tochterfirma, danach über einen Mann, dessen Moskauer Kollegin sich ihrer exzellenten Drähte zu Gasprom rühmt. Wochen vergehen. Am Ende läuft alles ins Leere, und man muss sich eingestehen, dass die Globalisierung ein außerordentlich mühseliger Vorgang ist, den man als Rechercheur leicht unterschätzt.

Erdgas wurde schon quer durch Europa gepumpt, als die Welt noch in zwei politische Blöcke aufgeteilt war. Noch war die Politik in der Lage, die Wirtschaft zu bedrängen. Erdgas ist deshalb so etwas wie ein Prototyp auf dem Weg in eine Welt, die zu einem Weltmarkt geworden ist. Die Pipelines sind gewaltig dick, die Verteilerstationen ähneln pulsierenden Kleinstädten, voller Lärm und Bewegung, weit entfernt von unserer hellen, warmen Zivilisation. Dinosaurier stehen da einsam in der russischen Eiszeit, schnaufend und ächzend, als seien sie alt und krank. So gar nichts Leichtes oder Verspieltes haben diese Wesen. Behäbig sehen sie aus und schlecht gelaunt. Ist das etwa die neue Weltordnung, eine schwer atmende Kreatur? Falsche Frage, ganz falsch. Für die Studentin Uliana Galdina, aufgewachsen in der Heimat des russischen Erdgases, besteht die Welt aus Gesichtern, die man kaufen kann. Und verkaufen.

ZWEITE ETAPPE

Mit einem Fotomodell nach Indien

von Jana Simon

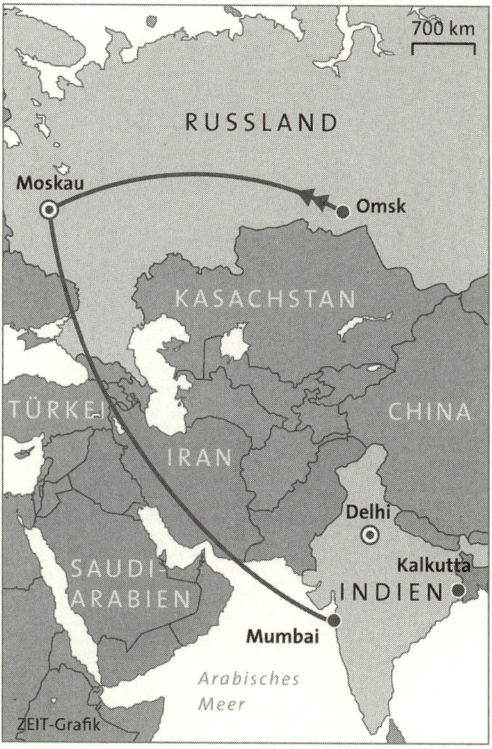

Vor jeder Reise denkt Uliana Galdina, dieses Mal ist alles anders. Diesmal wird sie nicht an ihren Freund denken, nicht zu viel an die Mutter und nur manchmal an bevorstehende Universitätsprüfungen. Sie wird sich auf ihr Äußeres konzentrieren. Liebreizend lächeln, wenn es verlangt wird, sexy ihre Hüften wiegen und, wenn es sein muss, hungern. Nur ihr Körper wird darüber bestimmen, ob sie Geld verdient, ob sie die richtigen Bilder bekommt, die, die sie unwiderstehlich erscheinen lassen. Nach deren Ansicht sie jeder in seinen Kleidern, mit seiner Eiscreme oder seinem Parfum fotografieren mag. Uliana streicht ihre langen dunkelblonden Haare aus dem Gesicht, legt damit ein paar kleine Leberflecke frei. Früher hat sie sich über der oberen Lippe links noch einen braunen Punkt gemalt, damit sie aussieht wie Cindy Crawford, das Topmodel. Die fand sie schön. Uliana ist 18, trinkt Tee in ihrem Lieblingscafé »Holländische Tasse« in Omsk, Sibirien. Wenn sie aus dem Fenster sieht, schaut sie auf Straßen, vom Schnee begraben. Wenige Menschen kämpfen sich durch den eisigen Wind. Ihr Blick fällt auf eine Kunstpalme, die einsam in den blassbläulichen Nachthimmel blinkt. Wie eine letzte Illusion des fernen Sommers. Draußen sind minus 25 Grad, warm für diese Jahreszeit.

Neben Uliana sitzt ihr Freund Boris, er ist fünf Jahre älter als sie und sagt selten etwas. Schweigend zieht er einen Taschenkalender aus seinem Portemonnaie, Uliana lächelt von der Vorderseite. Sie studieren zusammen Jura. Seit neun Monaten sind sie ein Paar. Boris sonnt sich in der Schönheit seiner Freundin, aber sie soll ihren Beruf bitte in seiner Nähe ausüben. Nur in seiner Nähe gibt es keine Arbeit, für einheimische Modelfotos bekommt Uliana 500 Rubel, 16 Euro am Tag. Sie lacht, da kann sie gleich kostenlos posieren. Im Kommunismus herrschte Funktion über Schönheit. Kleider sollten warm halten, bedecken, nicht unbedingt gut aussehen. Das Erbe wiegt schwer. Russland produziert keine Röcke, Mäntel oder Jeansmarken, die überall getragen werden, keine Schönheitscremes, die auf den Gesichtern in Paris oder London schimmern. Deshalb wird Uliana in ein paar Tagen wieder fortgehen. Nach Indien. Ihr Gesicht verkaufen. Und Boris hat sich entschieden, die letzten Tage bis zu ihrem Abschied still zu leiden.

Sein Lada wartet vor dem Café. Uliana trägt Stiefel, wie kleine Eispickel bohren sich ihre Hacken in den festgefrorenen Schnee. Niemals würde eine russische Frau ungeschminkt oder nachlässig gekleidet die Straße betreten. Das geht nicht, sagt Uliana. Dafür sind die Russinnen bekannt, dass sie sich auch bei widrigen Umweltbedingungen anziehen, als wollten sie gerade einen Spaziergang auf der Fifth Avenue unternehmen. Sie werden auf der Welt nicht nur für ihre Schönheit, sondern auch für ihre Leidensfähigkeit dem Äußeren zuliebe geschätzt.

Schweigend fahren Uliana und Boris durch die dunkle Stadt. Straßenlaternen werfen orangefarbenes Licht. Menschen tauchen in ihren Lichtkegeln auf und verschwinden wieder im dunklen Nichts. Sie halten die Köpfe gesenkt, tasten sich vorwärts in ständiger Furcht vor glatten Flächen. Der immerwährende Kampf gegen die Kälte hat graue Linien in die Gesichter gezogen und tiefe Risse in die Fassaden der Häuser getrieben. Eine Gegend, nicht für Menschen gemacht. Am Ufer des mächtigen Stromes Irtysch erscheinen ein paar neue Bürotürme. Auf der anderen Seite des Flusses liegen endlose Weiten grauer Neubaublöcke. Behausungen für die Arbeiter des »militärisch-industriellen Komplexes«. Im Zweiten Weltkrieg verlegten die Sowjets ihre Rüstungsbetriebe zum Schutz vor den Deutschen hierher, hinter den Ural. Bis 1990 konnte kein Ausländer Omsk besuchen, es war eine »geschlossene Stadt«. Die Bewohner durften nicht ins westliche Ausland. Damals wäre

Indien ein Traum geblieben. Wie stellt sich Uliana Mumbai (das frühere Bombay) vor? Sie reiht ein paar Substantive aneinander: Elefanten, Bollywood-Filme, Menschen in bunten Saris. Armut? Ja, auch. Sie hat den Ural noch nie überwunden, war noch nie in Europa, im Westen. Sibirien gehört zu Asien. Für Uliana liegt Asien anderswo. Sibirien treibt wie eine große Eisscholle auf der Landkarte, im Niemandsland zwischen den Kontinenten.

Am nächsten Morgen muss Uliana packen. Freund Boris ist immer an ihrer Seite, ganz nah, hält ihre Hände, begleitet sie nach Hause. Die große Kälte kündigt sich an, treibt Schauer über die Haut, hinterlässt ein Gefühl von Schwere im Bauch. In ein paar Tagen sollen die Temperaturen auf minus 40 Grad sinken. Die Menschen werden in ihren Wohnungen ausharren in der Hoffnung, dass es irgendwann einmal wieder besser wird.

Boris' Lada hält am Stadtrand mitten in einem Neubaugebiet vor einem fünfstöckigen Haus aus den siebziger Jahren. Die Eingangstür hängt schief, im Treppenflur riecht es nach Katzenpisse. Nichts ist so, wie es sein soll. Es sieht aus, als hätte ein großer Sturm gewütet und alle Dinge ein wenig verschoben – die Rohre, die Wände, das Geländer. Seit zwei Jahren lebt Uliana hier mit ihrer Mutter in einer winzigen Zweiraumwohnung bei den Großeltern. Sie blickt auf die Stufen, es ist ihr peinlich, noch nie hat sie ihren Freund hinaufgebeten.

Im vierten Stock öffnet Ulianas Mutter die Tür, Margarita Galdina, sie ist 44, ihre Haare schimmern platinblond. Im Wohnzimmer regieren Ulianas Kuscheltiere, sie grinsen vom Sofa, von den Sesseln, von den Schränken. An der Wand hängt ein plüschiger Teppich, darauf klebt ein großes Bild von Uliana, ein Werbeplakat. In die braune Schrankwand ist die Welt in Form von Mitbringseln der Enkelin eingezogen: eine japanische Zeichnung ruht neben Uralska-Porzellan und einem Wandteppich mit der Aufschrift »I love Hongkong«. Der Fernseher läuft, überall stapeln sich Kartons und Koffer. Es sieht aus, als seien ein paar Gäste zu lange geblieben. In der Nacht teilt sich Uliana das Sofa mit ihrer Mutter.

Ulianas Großvater Boris Sedow schenkt allen Wodka ein, die Großmutter macht sich ein wenig Sorgen. Es gibt Blinis mit saurer Sahne und Pelmeni. Uliana isst nichts. Margarita, wann haben Sie gemerkt, dass Ihre Tochter schön ist? »Ich habe das nie gedacht.« Einmal hat eine Freundin Uliana schlafend gesehen. »Schau nur«, hat sie zu Margarita gesagt, »sie sieht aus wie Barbie.« In der Schule riefen die Kinder Uliana »Storch« wegen ihrer langen Beine. Sie ist 1,78 Meter. Großvater Boris will wieder anstoßen. »Was ist das für ein Beruf, Model?«, brummt er. »Sie soll etwas Ordentliches lernen!« Uliana konzentriert sich auf ihren leeren Teller. Als sie zum ersten Mal ins Ausland verreiste, drohte ihr Großvater, das Flugticket zu zerreißen. Er hatte zu viele Berichte im Fernsehen gesehen, wo Models als Prostituierte endeten. Finden Sie Ihre Enkelin schön, Boris? »Mhm, aber sie muss mehr essen.« Er schwärmt für die alten russischen Stars wie Alla Pugatschowa, die Sängerin. Mit den Händen formt er ihre üppigen Kurven nach. Das gefällt ihm.

Die Welt der Enkelin und die des Großvaters haben kaum noch etwas gemeinsam. Boris findet westliche Filme langweilig, schimpft, wenn die Nachrichten laufen. Uliana hat in Japan gelebt, in Hongkong, in China, ihr Großvater war zweimal in Bulgarien. Sie hat mit 18 schon mehr gesehen als er mit 68. Zwischen ihnen herrscht Schweigen. Gesellschaftliche Gesetzmäßigkeiten geraten aus den Fugen: die Älteren verlieren die Deutungshoheit, können nicht mehr mithalten. Großvater Boris versinkt in der Vergangenheit, erzählt von hohen Renten, erschwinglichen Preisen und reichlich Arbeit. Er war in der Kommunistischen Partei, sogar einmal Abgeordneter, und er fuhr Lkw. Seine Hand fährt schnell zum Kinn, eine Geste. Geld satt habe er verdient. »Borja«, mahnt die Großmutter. Er soll nicht so viel trinken. Uliana verdreht die Augen. Mutter Margarita erzählt, Uliana habe als kleines Mädchen so schön getanzt. Sie habe sich gewünscht, dass Uliana Tänzerin werde. Die Mutter tätschelt ihrer Tochter den Arm. Nun ja. Margarita Galdina ist Sportlehrerin, verdient 200 Euro im Monat.

Die Mutter erinnert sich noch genau an den Tag. Mit 15 wurde Uliana in einem Textilgeschäft von einer jungen Dame angesprochen: Sie sei wunderschön, ob sie nicht Model werden wolle. Die Mutter war dagegen, schlimme Geschichten hatte sie gehört. Uliana rief von sich aus bei der Agentur Eskimo an. Sie weiß nicht mehr, warum. Hoffnung auf ein wenig Freiheit vielleicht. Die Agenturfrauen und Uliana redeten drei Wochen auf die Mutter ein, dann unterschrieb sie den Vertrag. Und Uliana flog nach Japan, das erste Mal allein, ohne ein Wort Englisch.

Uliana hat immer gespürt, dass etwas an ihr anders ist, sie hervorhebt. Sie hat die Blicke bemerkt von Mitschülern, Lehrern, Dozenten. Sie verweilen immer ein wenig zu lange auf ihrem Gesicht. Männer suchen ihre Nähe, bemüht, ein Gespräch anzufangen. Das Gefühl beachtet, begehrt zu werden, schmeichelt ihr. Der Großvater schenkt Wodka nach, ungelenk, ein Teddybär fällt auf ihn. »Sie ist 18 und spielt noch mit Kuscheltieren«, sagt er zu seiner Enkelin. »Ich spiele nicht, ich sammle sie«, antwortet Uliana. Später wird sie erzählen, wie schwer es ist, mit den Großeltern zu leben, nie einen Platz für sich zu haben, keine Minute Ruhe. Noch ein Tag bis zur Abreise.

Die Vermittlerin ihrer Agentur Eskimo ist in der Stadt, sie hat Uliana das Angebot aus Indien verschafft. Natalia Golz empfängt sie im Fast-Food-Restaurant Friday's, Uliana nähert sich ihr ein wenig vorsichtig. Sie fürchtet, Golz könnte sie zu dick finden. »Gut siehst du aus«, sagt die. Uliana entspannt sich etwas. Ihr ganzes Denken kreist um ihre Körperformen. »Wir haben die Maße unserer Mädchen immer im Kopf«, sagt Golz. Sie arbeitet seit fünf Jahren bei Eskimo. Die Agentur hat Tochterbüros auf der ganzen Welt, ist eine globale Schönheitsvermittlung. Golz betrachtet Ulianas Hüften, 92 Zentimeter, zu breit. Damit wird sie nie in die Riege der Stars aufsteigen. Westliche Designer fordern 86 bis 88 Zentimeter Hüftumfang. Uliana kann hungern, unter 90 kommt sie nicht. Ihre Knochen. »In Asien kann sie arbeiten«, sagt Natalia. Es klingt hart. Die Asiaten finden etwas rundere Formen schön, der Fitness- und Schlankheitswahn des Westens hat Asien noch nicht mit ganzer Macht erreicht. Die Mädchen, die es in die »achtziger Länder« schaffen zu den »Big Five« nach New York, Paris, London, Mailand, Tokyo, reisen nicht mehr in die »neunziger Länder« nach China, Indien oder Thailand. Sie können woanders bequemer Geld verdienen. Nach Asien geht man für Geld, nach Europa für Prestige.

Mit Indien arbeitet Natalia Golz seit anderthalb Jahren zusammen. Neue Schönheitsmärkte öffnen sich, vor kurzem bekam sie die erste Mail aus Vietnam. Die Welt wird sich immer ähnlicher, alle sehen dieselben Filme, dieselben Serien, lesen dieselben Magazine. Die Frauen darin werden zum Ideal. So soll man aussehen. »Die Inder mögen süße kommerzielle Gesichter«, sagt Golz. Das heißt ebenmäßige Gesichtszüge, wie eine Puppe, darin nichts störendes Eigenartiges. »Ulianas Gesicht ist kommerziell«, sagt sie. Es ist schwer zu sagen, ob das ein Kompliment ist. Schönheit ist ein kompliziertes Geschäft. Noch vor ein paar Jahren waren seltsame, starke Typen gefragt, nun eben süße. Schönheit ist, was der Markt gerade verlangt.

Es fällt auf, dass besonders viele Russinnen über die Laufstege dieser Welt schreiten, russische Tennisspielerinnen werden als Schönheitsköniginnen verehrt. Sie scheinen besonders gut in das globale Schönheitsideal zu passen: groß, hellhäutig, hohe Wangenknochen, große Augen. Natalia Golz lacht. Die Russinnen seien auch deshalb allgegenwärtig, weil das Leben in Russland schwierig sei und sie woanders Geld verdienen müssten. Und sie hat einen neuen Trend entdeckt: Frauen, in deren Gesichtern sich asiatische und europäische Züge vereinen. In deren Gesichtern sich sowohl Asiaten als auch Westler erkennen können. Gesichter, wie geschaffen für zwei riesige Wirtschaftsmärkte.

Natalia Golz schaut zu Uliana. Uliana hat nicht viel gesagt, hat Distanz gehalten. Golz betont, dass Eskimo seriös agiere, nicht wie viele andere Agenturen in Moskau, wo die Mädchen am Tag als Models arbeiten und in der Nacht als Begleitdamen. Am Ende überreicht sie Uliana einen Hefter mit Dokumenten für Moskau, für die Botschaft, das Visum. Keine Globalisierung ohne Papiere.

Uliana eilt zurück in die Wohnung der Großeltern. Großvater Boris Sedow sitzt in Jogginghosen vor dem Fernseher, seine Füße stecken in Filzpantoffeln. Im Schlafzimmer scheinen die Schränke unter der Last der Kleider nachzugeben. Uliana verzichtet auf Miniröcke, sie hat gehört, die trage man in Indien nicht. Sie hockt sich auf den Boden im Wohnzimmer, legt ihre Kleider in den Koffer, ihr Großvater schaut zu. »Früher konnte man mit ihr reden. Jetzt ist sie immer für sich«, sagt er. »Dabei ist sie doch noch eine *duratschka.*« Ein Dummerchen. Uliana sendet ihm einen kurzen Blick. Vernichtend. Sie blättert durch das Buch mit ihren Fotos, das sie jedem zeigt, der ihr einen Job geben könnte. Auf manchen Bildern hat sie sehr wenig an, ihr Großvater schaut ein wenig verunsichert.

Er weiß nicht, was er davon halten soll. »Wie lange bleibst du weg?«, fragt er Uliana. Anderthalb Monate. »Wann sind die nächsten Prüfungen?« Im März. »Nimm Lehrbücher mit!« Ja! Uliana sieht aus, als wünsche sie sich weit fort.

Morgens um sechs steht Uliana dann in der Abflughalle von Omsk. Sie hat nicht geschlafen, ihre Augen sind gerötet. Sie trägt kein Make-up, sie wusste, sie würde weinen. Freund Boris hält ihre Hand, drückt sie fest. Die Mutter lächelt. Uliana schluchzt leise. Boris rührt sich nicht. Irgendwann geht Uliana. Noch im Warteraum ruft ihr Freund das erste Mal an.

Vielleicht gibt es ihn, den globalen Menschen – frei von persönlichen Bindungen, immer bereit, sich auf neue Situatio-

© Tobias Walther

Noch fünf Tage bis zu Ulianas Abreise nach Mumbai. Sie wohnt bei ihrer Tante in Moskau. Manchmal zweifelt Uliana, ob Model der richtige Beruf für sie ist.

nen, Menschen, Länder einzulassen. Nie zufrieden an dem Ort, wo er gerade weilt. Wissenschaftler nennen ihn das »mobile Subjekt«. Uliana vermisst ihr Zuhause, sobald sie es verlässt, und sehnt sich fort, sobald sie heimkehrt. Noch auf der Rollbahn ruft ihre Mutter an. Uliana hat nun das Gefühl, dass sie nie wieder wegfahren sollte. Dann schläft sie ein. Kurz vor der Landung legt sie Rouge auf die Wangen, malt ihre Augenlider hellblau, färbt ihre Lippen dunkelrot. Dabei hat sie diesen Ausdruck im Gesicht, den Menschen haben, die wissen, dass andere sie gern anschauen. Uliana scheint sich ständig selbst zu beobachten, als lebe sie mit einem Spiegel. Jede Bewegung ein Genuss.

In Moskau sind minus 35 Grad. Kalt wie seit fünfzig Jahren nicht mehr. Weißer Dampf strömt aus Autos und Bussen. Die Härchen im Naseninneren gefrieren, das Atmen fällt schwer. Uliana muss zur indischen Botschaft, sie braucht noch ein Visum. Alle Botschaften, alle Fluggesellschaften sind in der Hauptstadt. Moskau, ein Warteraum der Globalisierung.

Die Botschaft öffnet um zehn. In einem kargen Raum warten fünfzig Menschen. Heizungsrohre führen in die oberen Etagen. Irgendwo muss es warm sein. Zwei Botschaftsangestellte kommen und gehen, telefonieren mit ihren Handys. Nach zwei Stunden hat es Uliana zum Schalter geschafft. Der Beamte sagt, in zehn Tagen könne sie ihr Visum abholen. Uliana sieht aus, als würde sie gleich weinen. Ihr Flug geht in drei Tagen. Sie telefoniert mit ihrer Agentur in Sibirien, der Agentur in Mumbai, am Ende noch mit ihrer Tante in Moskau. Sie raten zu warten. Nach sechs Stunden empfängt sie der Konsul, er lächelt. Ulianas Tante arbeitet beim russischen Kulturminister, jemand hat angerufen. Der Konsul sagt, am nächsten Tag könne sie ihr Visum abholen.

Draußen zieht Uliana ihren Schal vor die Nase, die Augen

tränen vom Wind. Es ist, als würden die Augäpfel gefrieren. Uliana flüchtet in ein Café. An der Wand hängen Monitore, es läuft Fashion TV. Die Models ähneln sich alle: lange Haare, sehr dünn, sehr groß, sehr jung. Uliana setzt sich auf ein Sofa, bestellt Cappuccino ohne Zucker. Die Sorgen um ihr Gewicht, sie hören nie auf. »Wenn ich normal esse, nehme ich zu.« Dann wird der Druck unerträglich. Uliana holt einen Riegel aus ihrer Tasche – Gematogenka, eine Mischung aus Fruchtwürfel und Müsliriegel aus der Apotheke. Davon isst sie ein paar am Tag.

Uliana ist ein Kind des Militärs, geboren in einer Kaserne in Kasachstan, wo ihr Vater als Major diente. Es war ein geschütztes Gelände, hinein und hinaus gelangte man nur mit Passierschein. Die Ehe der Eltern währte nicht lange, als Uliana vier war, zog der Vater aus. Später heiratete die Mutter Ulianas Vater zum zweiten Mal. Kurz darauf wurde er aus dem Militär entlassen, saß zu Hause, begann zu trinken. Es dauerte nicht lange, bis sie sich wieder trennten.

Die Mädchen in der Schule mochten Uliana nicht, die Jungs interessierten sich zu sehr für sie. Aber wenn sie Hilfe brauchte, war da immer einer, der gern vorbeischaute. Mit 16 reiste sie zum ersten Mal ins Ausland, nach Japan. Für eine Missoni-Show bekam sie 1000 Dollar am Tag. Alles schien so einfach. »Die Japaner mögen junge lächelnde Mädchen.« Sie nahm ab, so viel, dass ihre Periode ausblieb. Dann musste sie Hormone nehmen, nun war es noch schwerer, das Gewicht zu halten. Sie beißt in ihren Müsliriegel. »In Europa kann ich nur arbeiten, wenn ich gar nichts esse.« Sie lacht. Ihr Gewicht bestimmt ihr Wohlbefinden.

Ein Jahr später in Hongkong bekam sie Depressionen, als nach einem Monat plötzlich die Jobangebote ausblieben. Vergangenen Winter in Peking war es noch schlimmer. Alle Kleider waren ihr zu klein, und bei Castings sollte sie es vermeiden, Russisch zu sprechen. Die Chinesen mögen die Russen nicht besonders. Uliana hockte in der Wohnung und mailte stundenlang mit ihrem Freund. Sie hatte keine Lust hinauszugehen, die immergleichen Fragen zu beantworten. Zu immer neuen Bekannten immer nett zu sein. Man kann sagen, dass sie gar nicht richtig in Peking war, sie weilte in einer Art virtueller Zwischenwelt. Sie hat oft kaum Erinnerungen an die verschiedenen Orte, entsinnt sich nur, was sie dort nicht gegessen hat.

Indien ist für sie der letzte Test, ob sie sich die Anstrengungen des globalen Lebens weiter antun mag. »Wenn ich in Indien gut verdiene, mache ich weiter. Wenn nicht, höre ich auf.« Und dann? Ein Freund der Mutter ist Rechtsanwalt, vielleicht könnte sie bei ihm anfangen.

Im Flugzeug nach Mumbai wird Uliana melancholisch. Sie fürchtet, die Beziehungen zu ihren Freunden zu verlieren, wenn sie zu oft zu lange fortbleibt. Zu viele neue Erfahrungen, die sie nicht mit ihnen teilen kann. Warum tut sie sich das an, warum macht sie das? Sie brauche das Geld, sagt sie. Sie bezahlt die Universitätsgebühren davon. Und sie mag es, angeschaut zu werden. Wenn sie über den Laufsteg schreitet und alle Blicke auf ihr liegen. In diesem kurzen Augenblick ist sie ganz bei sich. Der Höhepunkt aller Narzisse. Sie sagt, im Russischen gebe es ein Sprichwort. Es heißt: »Die Schönen führen ein unglückliches Leben.« Sie lacht kurz auf. Es gibt aber auch noch ein anderes. »Krasota spaset mir.« Schönheit rettet die Welt.

Ein Fahrer holt Uliana vom Flughafen in Mumbai ab. Draußen ist es noch dunkel, Menschen tauchen am Straßenrand auf und verschwinden wieder in die Nacht. Es ist sechs Uhr morgens, 25 Grad plus. Im Wagen bläst die Aircondition, Uliana fröstelt. Sie wird jetzt erst mal schlafen.

Ankit Mehta wartet in dem winzigen Büro von Inega Model Management. Drei kleine Schreibtische drängen sich hintereinander, sie reichen fast von einer Wand zur anderen. Mehta hat Uliana gebucht, ihr Ticket bezahlt, die Papiere für ihr Visum geschickt. Er ist 22 und redet so schnell, dass er zwischen den Sätzen um Atem ringen muss. Das Telefon und sein Handy klingeln abwechselnd. Seit einem Jahr arbeiten in Indien so viele ausländische Models wie noch nie zuvor. Mehta erklärt das so: Multinationale Unternehmen drängen auf den Riesenmarkt Indien, sie fordern internationale Models für ein internationales Image. Gleichzeitig wollen indische Firmen global agieren. Da wirken internationale Models weltgewandter. Mädchen wie Uliana sind die Vorboten des westlichen Schönheitsideals: große Augen, großer Mund, schlank und vor allem hellhäutig. Indiens Markt für Kosmetikprodukte, die die Haut aufhellen sollen, ist in den letzten fünf Jahren um zwei Drittel gewachsen.

Noch sind blonde Haare für indische Werbeanzeigen nicht sehr gefragt, sagt Mehta. Zu exotisch wirken diese Frauen. Dunkelhaarige, die im Zweifel wie Inderinnen aussehen, bekommen mehr Arbeit. Bis jetzt. Gerade ist in Mumbais Kinos ein neuer Bollywood-Film angelaufen, in dem eine blonde Engländerin eine Hauptrolle spielt. Und Bollywood-Filme setzen die Trends. Außerdem lassen sich die ausländischen Models in Unterwäsche fotografieren, für Inderinnen undenkbar. Zu viel Haut, das ist gegen die Tradition. Bis vor ein paar Jahren gab es religiöse Proteste bei Miss-World-Wahlen in Indien. So etwas würde heute nicht mehr geschehen, meint Ankit Mehta.

Das Schönheitsideal wandelt sich, wird westlicher. »Wir rücken näher«, sagt Mehta. Überall in Mumbai verdrängen große Shoppingcenter die kleinen Läden. McDonald's und Pepsi sind schon da, Starbucks kommt bestimmt bald.

Uliana betritt das Büro, den Blick auf den Boden gerichtet, die Lippen schmal gepresst. Mehta begrüßt sie freundlich, Uliana schweigt. Ihre Mitbewohnerin aus Köln wartet neben ihr. Uliana ist unzufrieden, sie muss Zimmer und Bett mit der Deutschen teilen. Ihr Wohnungsschlüssel und das Telefon funktionieren nicht, und einen Computer gibt es auch nicht in ihrem Zimmer.

»Indien ist der Markt der Zukunft«, mit diesem Satz beginnt Mehta seine Mails. Eine Studie der Investmentbank Goldman Sachs kommt zu dem Schluss, dass Indien Deutschland schon 2007 als viertgrößte Wirtschaftsmacht ablösen könnte. Mehta deutet auf ein paar Blätter, auf denen die Namen der Models eingetragen sind und ihre Jobs für die nächsten Wochen. Am Tag verdienen sie zwischen zwischen 500 und 800 Euro. Da beginnt Uliana plötzlich zu schluchzen. Ihr Oberkörper bebt. Sie hat das Gefühl, den Überblick zu verlieren, weiß nicht, wo sie sich befindet in diesem Monster von Stadt und wie sie ihre Mutter und ihren Freund erreichen kann. Mehta beobachtet sie aus den Augenwinkeln. »Magst du die Inder nicht?«, fragt er. Uliana schluchzt laut auf, tupft ihre Augen ab. Am nächsten Tag hat sie den ersten Fototermin. Mehta überlässt ihr das Handy einer Mitarbeiterin.

Der Fahrer bringt sie zur Modelwohnung. Jede Fahrt dauert Stunden. Auf den viel zu engen Straßen drängeln sich Autos, Motorräder, Menschen. Es ist dunkel, Neonröhren leuchten. Menschen leben in Behausungen aus Pappe, Blech, Holz, offene Feuer brennen. Es riecht nach einer Mischung aus Petroleum und Fäkalien. »Wie kann man so leben?«, fragt Uliana. Das Modelapartment liegt in einem besseren Viertel Mumbais. Es ist modern eingerichtet, moderner als Ulianas Wohnung in Omsk. Auf ihrer Seite des Bettes schmiegen sich die Kuscheltiere aneinander. Von den Fotos auf dem Nachttisch grinst Freund Boris. Draußen kreischen laut die Krähen.

Am nächsten Morgen liegen graue Schatten unter Ulianas Augen. Ihre Mitbewohnerin sagt, sie habe die ganze Nacht geweint. Am vergangenen Abend hat Ulianas Freund angerufen und gefragt, ob sie nicht einmal verrückt sein und gleich nach Omsk zurückkehren wolle. Er war keine große Hilfe. Uliana konnte nicht einschlafen, nicht aufhören zu denken. Sollte das ihre Zukunft sein? Immer allein, immer unterwegs mit Menschen, die sie nicht richtig kennt. »Ich bin nicht so flexibel«, sagt sie. Ohne ihren Freund fühle sie sich, als ob eine Hälfte von ihr abgetrennt worden sei.

Im Fotostudio ist noch niemand, Uliana setzt sich auf ein Sofa. Ihre Laune ist mies. Der Fotograf, Vikram Bawa, kommt zu spät, entschuldigt sich, er habe vorige Nacht lange gefeiert. Er ist 36 und sagt, er habe letztes Jahr fast nur mit ausländischen Models gearbeitet, sie seien professioneller. Und sie zeigten mehr Haut. Für das erste Foto soll sich Uliana gleich ausziehen. »Das hat mir keiner gesagt«, sagt sie. Bawa beruhigt sie. Die Bilder sind für einen Artikel über die neue Besessenheit der indischen Frauen von ihren Körperformen. Die westlichen Maße gelten nun auch in Indien als die erstrebenswerten. Uliana soll nur mit Maßbändern bedeckt auf den Fotos erscheinen.

»Ich will, dass sie sehr heiß und sexy aussieht«, sagt Bawa zum Maskenbildner. Er hat beobachtet, dass im Westen jetzt viele Yoga praktizieren und ayurvedisch essen. In Indien dagegen wollen viele leben wie im Westen. Er ruft dem Maskenbildner zu: »Ich will sie noch heißer!« Uliana bleibt stumm. Sie soll sich jetzt ausziehen. Es ist ihr peinlich. Bawa schickt alle Männer hinaus. Eine Frau und er wickeln die Maßbänder um ihren nackten Oberkörper und kleben sie an ihrem Rücken fest. »Willst du Wodka oder Bier?«, fragt Bawa. Uliana lehnt ab, sie denkt an ihren Freund. Sie sagt, er werde sie umbringen, wenn er das erfahre. Eine Frau schmiert sie mit Babyöl ein, damit sie schön glänzt. Das erste Bild. Uliana lächelt, dreht ihren Kopf mal zur einen, dann zur anderen Seite. »Lovely«, sagt der Fotograf. Vor der Kamera ziehen sich Ulianas heimwehgekrümmte Mundwinkel nach oben. Es ist das erste Mal seit Omsk, dass sich ihre Schultern senken. Sie entspannt im Scheinwerferlicht. Am Abend kehren die Sorgen zurück. Es ist schon spät, sie kann ihren Freund nicht mehr erreichen.

Ulianas Laune verschlechtert sich von Tag zu Tag. Sie soll zu Castings, sich bei Agenturen vorstellen. Aber Uliana redet nicht mehr, und wenn, dann hat ihre Stimme einen fordernden Klang. Sie trinkt nichts, sie isst nichts. Alle bemühen sich. Sie verweigert sich. Bei den Kunden lächelt sie nicht mehr. Sie weiß, dass das schlecht ist fürs Geschäft, sie kann es nicht ändern. In ihrem Vertrag steht, sie solle alle übertragenen Aufgaben mit »absoluter Hingabe« ausführen.

Der Agenturchef bemüht sich, sie aufzumuntern, lädt sie und ihre Mitbewohnerin zu einer Hochzeit von Freunden ein. Das Brautpaar nimmt am Pool des Taj, des teuersten Hotels von Mumbai, die Glückwünsche entgegen. Ein riesiges Büfett ist aufgebaut. Uliana knabbert an ein paar Salatblättern. Der Agenturchef will noch weiter in einen Club.

Im »Poison« wird er mit den Mädchen sofort in den VIP-Bereich geführt. Es läuft Bollywood-Musik. Der Besitzer bittet in seine Privatlounge. Von dort kann man durch eine Glasscheibe die Tanzfläche beobachten. »Wir sind die glücklich Geborenen«, sagt er. Die Söhne und Töchter von Industriellen. Ein Mann spricht Uliana an, will sie auf einen Drink einladen. Sie trinkt keinen Alkohol. »Schlecht fürs Geschäft«, sagt er. Um halb zwei muss der Club schließen. Uliana will ins Bett, sie hat morgen wieder Castings. Die anderen ziehen ins Marriott-Hotel, weiterfeiern.

Vor Uliana liegen noch fast sechs Wochen bis zu ihrer Heimkehr. Sie sitzt in einem Café am Ufer des Arabischen Meeres. Der Verkehr dröhnt. Es ist laut. Diese Stadt gibt keine Ruhe, niemals. Uliana kann das Mosaik aus Elend und Pracht Mumbais in ihrem Hirn nicht zusammensetzen. Vielleicht ist das Globalisierung: ein diffuses Gefühl von Verwirrung. Dass immer weniger Menschen wissen, wohin sie gehören, weil das Glück immer woanders zu warten scheint. Sei nicht zu emotional, hat eine Frau von der Agentur Uliana geraten. Alles könnte so schön sein. Uliana muss nur aufhören zu denken.

Hypnose

Die Gedanken vertreiben. Wenn Uliana Galdina das nur könnte. Schon vor ihrer Ankunft in Indien ging bei ihr alles durcheinander. Den Flug hatte sie lange gebucht, ihre Papiere vorbereitet. Drei Tage sollte es mit dem Visum dauern, höchstens fünf, so steht es auf der Homepage der indischen Botschaft, und so hatte es auch Ulianas Modelagentur recherchiert.

In der indischen Botschaft in Moskau ist es kalt. Am ersten Tag, als Uliana dort auftaucht, schließt die Botschaft schon am Mittag. Am nächsten Morgen stehen Leute von Reisebüros in der Schlange, jeder mit wohl hundert Pässen. Erst nach zwei Stunden darf Uliana an den Schalter. Der indische Botschaftsmitarbeiter auf der anderen Seite der Glasscheibe schüttelt den Kopf. In zehn Tagen könne sie das Visum abholen, sagt er. Und überhaupt habe er jetzt genug von diesen Models und ihren Agenturen, die sich nie an die Spielregeln halten würden. Außerdem sei in Indien Feiertag. Ulianas Flug geht in drei Tagen. Aber Grenzen bleiben immer noch Grenzen, auch in einer Welt, in der so viele Nahtstellen unsichtbar geworden sind.

Uliana harrt vor der Glasscheibe aus, jetzt hilft nur noch Penetranz. Sie versucht, den Botschaftsmitarbeiter mit Blicken zu hypnotisieren. Das scheint zu wirken. Aber die Botschaftsangestellten wollen diesen komplizierten Fall nicht alleine entscheiden. Das dürfe nur der Konsul. Der wird zwar immer wieder angekündigt, erscheint aber nicht. Als er am Ende des Tages endlich auftaucht, wird Uliana wieder weggeschickt. Fünf Minuten später überlegt es sich der Konsul anders und lässt das Model zu sich rufen. Überraschend freundlich sagt er, am nächsten Tag sei das Visum für sie fertig. Ein Bekannter von Ulianas Tante aus dem russischen Kulturministerium hat in der Zwischenzeit den Konsul angerufen. Als Uliana Galdina am Ende in Indien ankommt, traut sie sich nicht allein auf die Straße. Die Armut erschreckt sie. Sie fürchtet sich vor einem Leben wie dem eines Rikscha-Ziehers in Kalkutta. Die junge Russin kann sich in ein Flugzeug setzen und der Armut in ihrer Heimat entfliehen, ein Rikscha-Zieher in Kalkutta kann das nicht.

DRITTE ETAPPE

Mit einem Rikscha-Zieher durch Kalkutta

von Wolfgang Uchatius

Die Haut an Mangals Füßen ist zäher als Reifengummi. Sie schabt über Lehm. Sie kratzt über Schutt. Sie reibt über Asphalt. Aber sie reibt sich nicht ab. »Schau«, sagt Mangal stolz und streicht mit den Fingern über seine verhornte Fußsohle. »So hart wie die Straße.« Mangal, der Pferdemensch. Jeden Tag zieht er die Rikscha durch die Stadt. Oben, auf der gepolsterten Bank, sitzt eine Frau im Sari. Oder ein Bürokrat mit Bügelfalten in der Hose. Oder ein Junge in Schuluniform. Unten, zwischen der Deichsel, rennt ein magerer Mann, der sich keine Schuhe leisten kann: Mangal Chowdury. Irgendwann ist jemandem dieser Vergleich eingefallen. Seitdem haben die Rikscha-Zieher von Kalkutta ihren Namen: Pferdemenschen.

Mit einem Stück Tonband und ein paar wilden Hunden beginnt der Tag. Kurz vor Sonnenaufgang ruft ein elektronischer Muezzin mit leiernder Stimme die Muslime zum Gebet, ein Rudel Straßenköter antwortet. Das weckt auch die Hindus unter den Schlafenden. Mangal ist als einer der Ersten auf den sehnigen Beinen. Er rollt die graue Decke zusammen, mit der er nachts den Steinboden polstert. Vorsichtig steigt er über gekrümmte Rücken und angewinkelte Beine, balanciert vorbei an gähnenden Mündern und müden Gesichtern. Vorbei an ein paar Dutzend anderen Rikscha-Ziehern, die wie er ihre Nächte in einem Hinterhof in der Beniapukur Road, einer schmalen, staubigen Straße in der Altstadt von Kalkutta, verbringen. Ein Gang zur Latrine, ein paar Spritzer Wasser ins Gesicht, dann zerrt Mangal seinen zweirädrigen Holzkarren hinaus auf die Straße. Hinter dem Smog steigt ein braungelber Fleck auf. Das ist die Sonne.

Vor 300 Jahren erbauten die Briten an einem Nebenarm des Ganges die östliche Hauptstadt des Empire. Kalkutta. Seitdem baut die Stadt sich selbst wieder ab. Nie renovierte, nie reparierte Mauern stürzen ein, Balkone bröseln, Erker bröckeln, aus Löchern in zehn Meter Höhe wachsen kleine Bäume. Paläste werden zu Pissoirs, Bürgerhäuser zu Rückzugsgebieten für Krähen und Ratten.

Und für Menschen. An jeder Ecke steht ein verlassenes Haus, das auf den zweiten Blick gar nicht verlassen ist, sondern nur verfallen. Kein Dach in Kalkutta ist so verrottet, dass nicht ein halbes Dutzend Familien darunter Schutz suchte, mindestens. Die Briten hatten die Stadt für eine Million Menschen geplant. Heute drängen sich hier 14 Millionen, und tagsüber sind sie auf den Straßen, in den Gassen unterwegs. In rostigen Bussen und morschen Lastern, mit Fahrrädern, Motorrollern und japanischen Kleinwagen, mit Handkarren und klapprigen, gelben Taxis oder einfach nur zu Fuß. Mittendrin im Dieselqualm trabt Mangal Chowdury mit seiner Rikscha.

Kurz vor der AJC Bose Road, einer überlasteten Hauptstraße, an der Mutter Teresas Orden in einem mächtigen Betonblock seinen Hauptsitz hat, haben ihn die ersten Fahrgäste gestoppt. Ein Schneider mit von Henna rot gefärbten Haaren und sein erwachsener Sohn. Sie wollen zum New Market, dem großen Basar der Altstadt, gut anderthalb Kilometer entfernt. Dort gehört ihnen ein Laden. Zu zweit zwängen sie sich auf die Sitzbank.

Die ersten Schritte. Sie sind die schwersten, die zehrendsten. Noch fehlt der Rikscha der Schwung. Mangal reißt an den Holmen, in einem tausendfach geübten Bewegungsablauf wirft er sich nach vorn, bringt die Räder zum Rollen, beginnt mit schweren Schritten zu laufen, gewinnt Geschwindigkeit, läuft leichter, richtet sich auf, weicht einem wild hupenden Sattelschlepper aus, biegt in eine Seitengasse, sieht ein Schlagloch, will rechts vorbei, da kommt ihm ein Taxi entgegen. Er reißt die Rikscha nach links, vermeidet das Schlagloch, tritt dafür in den Rinnstein, in einen Brei aus Urin, Plastiktüten und

Küchenabfällen. Er strauchelt nicht, verliert aber an Geschwindigkeit, beugt sich wieder nach vorn, beschleunigt, hetzt weiter, biegt zum letzten Mal ab, wird jetzt langsamer, erreicht den Basar, bremst und bleibt stehen.

Mangal setzt die Rikscha ab. Er schnauft, schwitzt, saugt schmutzige Luft ein. Die Männer steigen herunter, der Schneider zupft sein Halstuch zurecht, steckt Mangal einen Schein zu. Zehn Rupien, umgerechnet zwanzig Cent.

Jeder Rikscha-Mann läuft anders, hat seine eigene Art, den Karren zu ziehen. Manche wackeln bei jedem Schritt mit dem Oberkörper, andere laufen ruhiger, die Strapaze ist dann nur am Schweiß zu erkennen, der ihnen in den Nacken rinnt. Oder an kleinen Bewegungen, wie bei Mangal. Immer wenn seine schmalen Muskeln zu stechen beginnen, fängt er an, ein wenig mit dem Kopf zu schlenkern. Er sagt, es helfe ihm Luft zu holen. Die Bewegung hat sich eingeschliffen mit der Zeit.

Vor 42 Jahren wurde Mangal geboren, in Bihar, dem ärmsten aller verarmten indischen Bundesstaaten. Vielleicht auch vor vierzig Jahren. Oder vor 45, niemand schrieb damals das Datum auf. Als junger Mann kam er nach Kalkutta. Seitdem zieht er die Rikscha durch die Altstadt.

Auch an diesem Tag wird Mangal Chowdury 13 Stunden unterwegs sein. Er wird 15 Kilometer zurücklegen und zwischendurch stundenlang auf Kunden warten. Er wird einen Tag erleben, der sich durch nichts von Tausenden Tagen zuvor unterschiede, wenn da nicht dieser andere Tag gewesen wäre, der 15. August 2005, der alles verändert hat. Der Tag, an dem die Globalisierung die Altstadt von Kalkutta erreichte und die Regierung die Befreiung des Mangal Chowdury ankündigte.

Es stand damals in allen indischen Zeitungen, auf Englisch, auf Hindi, auf Bengali. Die Agentur Reuters und die BBC sandten die Nachricht in die Welt hinaus. Die Rikscha-Zieher aber hörten sie als Letzte. Fast alle sind sie Analphabeten. Mangal ist nie zur Schule gegangen. Radio oder Fernseher besitzt er nicht. Neuigkeiten erfährt er erst, wenn sie ihm jemand erzählt. Kumar, der Teeverkäufer zum Beispiel. Oder Subhash, der Tabakschneider. Die Beine gekreuzt, den schmalen Rücken gebeugt, sitzt er den ganzen Tag lang am Straßenrand und zersäbelt Tabakblätter. Mit einer Prise Kalk verknetet und in die Wange geschoben, verschaffen die Krümel einen leichten Rausch, dann fällt die Arbeit nicht so schwer. Mangal kauft ihm hin und wieder ein paar Klümpchen ab und bekommt die neuesten Nachrichten gratis dazu.

So erfuhr er es damals: Buddha will die Rikschas abschaffen.

Buddha heißt eigentlich Buddhadeb Bhattacharjee, aber die meisten nennen ihn Buddha, manchmal auch roter Buddha, denn Bhattacharjee ist Kommunist. In Westbengalen ist das nichts Schlechtes, im Gegenteil, seit dreißig Jahren wird dieser indische Bundesstaat mit seiner Hauptstadt Kalkutta von demokratisch gewählten Marxisten regiert. Seit fünf Jahren ist Bhattacharjee der Chef der Regierung. Ein schmaler Mann, Anfang sechzig, der gern die traditionelle, weiße indische Baumwollkleidung trägt. Auch Mangal hat für ihn gestimmt. Er hatte gehört, Buddha wolle sich für die Schwachen einsetzen.

In jener Pressekonferenz im August 2005 sprach Bhattacharjee viel von der Menschenwürde. Er sagte, überall auf der Welt seien die von Hand gezogenen Rikschas abgeschafft, seit langem schon, in Delhi, in Shanghai, in Tokyo. Nur in Kalkutta nicht. Er sagte, das sei eine Schande, denn der Mensch dürfe dem Menschen kein Pferd sein. Er sagte, seine Regierung werde die Rikscha-Zieher von ihrem Schicksal erlösen und die Rikschas innerhalb weniger Monate von den Straßen verbannen.

So sprach Bhattacharjee. Die Rikscha-Zieher aber verstanden ihn nicht.

Erlösung? Davon können sie nicht leben. Verstoß gegen die Menschenwürde? Sie haben nichts anderes gelernt. »Das ist eine ehrliche Arbeit«, sagt Mangal. »Wie sollen wir sonst Geld verdienen?«

Die indischen Zeitungen erwähnten noch ein zweites Motiv für das bevorstehende Verbot der Rikschas, eine Nachricht, die Mangal Chowdury nie erreichte, weil sie irgendwo auf dem Weg zu den Teeständen und Tabakläden stecken blieb: nämlich dass auch Buddha weniger an die Humanität als ans Geldverdienen dachte. Nur dass es ihm um viel mehr Geld geht.

Tatsächlich sprach Bhattacharjee nicht nur von der Menschenwürde. Leiser, zurückhaltender erwähnte er in späteren Interviews auch den schlechten Ruf der Stadt. Er sagte, der schwitzende Rikscha-Zieher dürfe nicht länger als Sinnbild Kalkuttas taugen, als Symbol der Rückständigkeit. Noch immer ist dies das Bild, das sich viele Leute in Amerika, England, Deutschland, im Westen, von Kalkutta machen, und das ist ein Problem. Denn aus dem Westen kommt das Kapital, kommen die Konzerne.

Einige sind schon da. Draußen am östlichen Rand Kalkuttas stehen ihre Namen auf den Firmenschildern: IBM, der Computerriese. PriceWaterhouseCoopers, der Beratungskonzern. Unternehmen, deren Bürotürme überall auf der Welt gleich aussehen, egal, ob sie in New York, Kuala Lumpur oder Kalkutta stehen. Unternehmen, die ihre Mitarbeiter überall auf der Welt nach den gleichen Kriterien aussuchen: Sie sollen jung sein, flexibel, gut ausgebildet und fließend Englisch sprechen. Unternehmen, die den alternden Kommunisten Bhattacharjee davon träumen lassen, aus Kalkutta ein kleines China zu machen. Auch dort waren es die Kapitalisten, die für Arbeitsplätze und Autobahnen sorgten.

Neuerdings stehen in Kalkutta große Plakate am Straßenrand. In schwarzer Schrift auf orangefarbenem Grund steht da: Kolkata rising. Kalkutta steigt auf.

Mangal wartet. Er hat zwei Mädchen von der Schule abgeholt. Unter der aufklappbaren Bank seiner Rikscha verwahrt er Fotos der beiden und ein Schreiben ihrer Eltern. Es ist der Beleg, dass sie ihm die Kinder anvertrauen, darauf ist er stolz. Er hat eine alte Frau zum Einkaufen in die Madge Lane gebracht und einen dicken, schwitzenden Mann fast zwei Kilometer weit durch die Stadt bis kurz vor den Friedhof an der Park Street gezogen und dafür nur fünf Rupien bekommen. Mehr Geld habe er nicht, hat der Dicke behauptet und ist in der Menge verschwunden.

Jetzt sitzt Mangal auf einer kleinen Mauer an seinem Standplatz in der Muzaffar Ahmed Street, einer schmalen, leiseren Nebenstraße der AJC Bose Road. Die Rikscha hat er nach vorn gekippt, die Enden der Holme liegen im Staub. Taxis bahnen sich hupend den Weg, ein Fahrradfahrer mit blutigen Tierfellen auf dem Gepäckträger rollt vorbei, junge Männer auf Motorrädern überholen einen trabenden Wasserträger, über dessen Schultern ein tropfender Ledersack hängt. Mangal bleibt sitzen. Mit den Augen sucht er die Gesichter der Vorbeihastenden ab, sucht nach Fahrgästen. An seinem Handgelenk baumelt eine kleine, gusseiserne Glocke, alle paar Minuten schlägt er sie an, erzeugt ein sanftes Klingeln, das Klingeln der Rikscha-Zieher. So wirbt er um Kunden. Und wartet.

Schon vor der Ankündigung des Verbots habe er es gespürt, sagt Mangal: Das Geschäft läuft schlechter. Er hat seine eigene Theorie dazu. Immer mehr Autos, immer mehr Mopeds seien auf den Straßen. »Immer mehr reiche Leute.«

Reiche Leute sind neuerdings schlechte Kunden. Wer in Kalkutta heute zu Wohlstand kommt, wer einen gut bezahlten

Job bei einem Software-Unternehmen findet, zieht oft hinaus an den Rand der Stadt, in Apartmenthäuser nach westlichem Muster. Dort draußen, im neuen Kalkutta, waren die von Hand gezogenen Rikschas von Anfang an verboten. Dort sind die Rasenflächen stets gemäht und frei von Müll. Es gibt italienische Restaurants und Shopping-Malls, vor denen Wachleute in Uniformen stehen. Zum Flughafen ist es näher als in die Altstadt. Kolkata rising.

Endlich, ein neuer Fahrgast. Mangal zieht eine Lehrerin im dunklen Sari die überfüllte Royd Street hinunter, vor ihm läuft ein anderer Rikscha-Zieher. Das ist sein Glück. Der andere ist zuerst an der nächsten Abzweigung, er wird von der Polizei gestoppt. Kurzes Geschrei über nicht eingehaltene Verkehrsregeln, zaghafte Verteidigung, dann wechselt ein Schein den Besitzer. Die Polizisten stehen in Kalkutta an jeder Kreuzung, in schwarzen Stiefeln und strahlend weißen Uniformen, die am Abend grau sind, vom Staub und von den Abgasen. Hin und wieder bessern sie ihr Gehalt auf Kosten der Rikscha-Zieher auf. Sie erfinden Bestimmungen, von denen keiner weiß, oder pochen auf Regeln, an die sich im Lärm dieser Stadt niemand hält. »Nicht hupen!« zum Beispiel, oder: »Nicht die Glocke läuten!«. Mindestens einmal pro Woche, sagt Mangal, werde er von einem Uniformierten geschröpft. Diesmal hat er Glück. Während der Polizist auf den anderen Rikscha-Zieher einredet, zieht Mangal den Karren zur Seite und verschwindet um die nächste Ecke.

Bis zum 31. Dezember 2005 sollte Kalkutta frei sein von Rikschas. So hieß es noch im Herbst. Jetzt sieht es so aus, als wolle die Regierung die nächsten Wahlen abwarten. Die Kommunisten werden wohl wieder gewinnen. Dann hätten sie freie Bahn. Vor zehn Jahren machten sie sich schon einmal daran, das Bild der Stadt zu verschönern. Sie verkündeten die

»Operation Sonnenschein«. Polizisten rückten aus und verjagten die Kleinhändler von den Gehsteigen, wo sie auf Decken und wackeligen Tischen billige Hemden, Hosen, Töpfe, Uhren, Geldbeutel verkauft hatten.

So ähnlich könnte es bald den etwa 20 000 Rikscha-Ziehern ergehen. »Was soll dann aus meiner Familie werden?«, sagt Mangal.

Seine Familie: Jeden Monat schickt er Geld, zweimal im Jahr besucht er sie. Er setzt sich in einen vollen Zug, fährt aus der Stadt hinaus und noch weiter, zwölf Stunden lang, und dann fährt er noch einmal zwei Stunden im Bus, bis sich die geteerte Straße irgendwann in eine Sandpiste verwandelt. Das ist seine Heimat, Bihar.

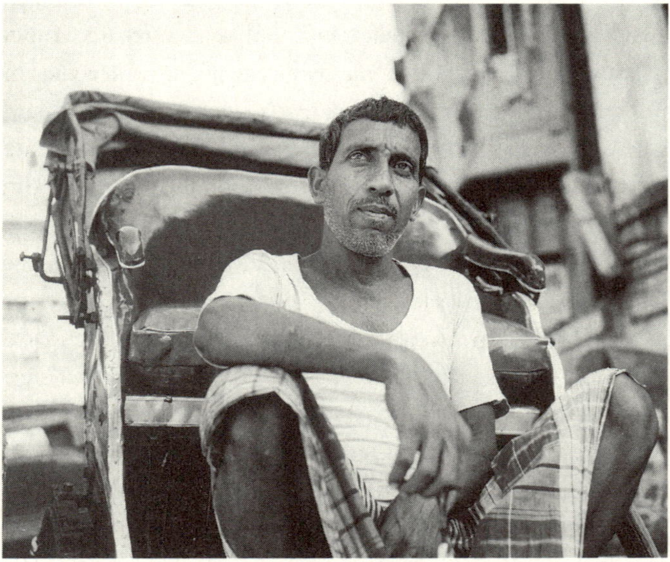

© Nick Nostitz (Focus)

Mangal Chowdury ist vierzig Jahre alt, vielleicht auch 42 oder 45. Seit etwa zwanzig Jahren arbeitet er als Rikscha-Zieher in Kalkutta. Er verdient etwa achtzig Rupien am Tag, umgerechnet nicht einmal zwei Euro.

Mangal kommt aus einem Dorf, in dem dieselbe Uhrzeit gilt wie in Kalkutta. Trotzdem liegt es in einer anderen Zeitzone. Irgendwo im 19. Jahrhundert.

Den Brennstoff für den Ofen kneten die Kinder dort aus Kuhdung. Das Wasser zum Kochen holen die Frauen aus dem Tümpel. Den Lehm für die Hütten kratzen die Männer aus dem Boden. In einer solchen, mit Stroh gedeckten Hütte leben Mangals Frau und seine vier Kinder.

Sie kamen zur Welt, während er die Rikscha durch Kalkutta zog. Jedes Mal rief er aus einem Telefonladen zu Hause an, und dreimal erfuhr er, seine Frau habe eine Tochter geboren. Dreimal war dies, finanziell gesehen, eine schlechte Nachricht. Denn eine Tochter wird irgendwann verheiratet, und draußen auf dem Land in Bihar bedeutet das: Der Vater muss bezahlen. 50 000 Rupien, umgerechnet 1000 Euro, hat Mangal die Mitgift für seine Älteste gekostet, die jetzt 18 ist, so viel verdient er in zwei Jahren nicht. Irgendwie hat er das Geld zusammengekratzt. Doch bald ist die nächste Tochter an der Reihe, dann die übernächste, dann wird er wieder zahlen müssen, auch wenn ihm die Rikscha bis dahin womöglich längst genommen wurde, wenn er sich bis ans Lebensende verschulden muss. So will es seit Jahrhunderten die Tradition.

In Mangals Dorf ist jeder Mensch von seiner Geburt an Teil eines scheinbar komplizierten Systems von Kasten und Unterkasten, das in Wirklichkeit sehr einfach ist. Denn nach diesem System gibt es nur zwei Arten von Menschen: Herren und Knechte. Landbesitzer und Landlose. Mangals Familie gehört zu den Landlosen. Das heißt, nicht ganz. Seine Eltern haben ihm ein kleines Feld vererbt. Aber es ist so winzig, dass der Reis, den es abwirft, nur für zwei oder drei Monate reicht.

Als Mangal sein Dorf verließ, war er ein junger Mann. Er war frisch verheiratet, er wusste, er würde Kinder haben. Er hatte Angst, seine Familie hungern zu sehen. Das trieb ihn in die Stadt. Nach Kalkutta. Er wusste nicht, wie es dort aussah, wusste nicht, welche Arbeit es dort zu tun gab. Aber es gibt ein Sprichwort, draußen auf dem Land. Es heißt: »In Kalkutta fliegt das Geld auf der Straße herum. Man muss nur einen Weg finden, es einzufangen.«

Ein Nachbar bot sich an, ihm diesen Weg zu zeigen. Er arbeitete als Straßenkehrer in Kalkutta, auch er war einst von einem Bekannten mit in die Stadt genommen worden. Fast alle Landflüchtigen haben diese Helfer, Kontaktleute aus der Umgebung, die ihnen das Unbekannte näherbringen. Ihnen eifern sie nach. So kommt es, dass im scheinbar so chaotischen Moloch Kalkutta fast alle Köche aus Orissa kommen, einem weiteren indischen Bundesstaat. Die Gepäckträger und Straßenverkäufer stammen meist aus Uttar Pradesh, die Taxifahrer oft aus dem Punjab. Die Straßenkehrer und die Rikscha-Zieher aber kommen aus Bihar.

Der Nachbar brachte Mangal in einem Schlafsaal der städtischen Putzkolonnen unter, nicht weit von der AJC Bose Road. Dort sollte er ausharren, bis sich eine Arbeit für ihn fand. Nach ein paar Tagen sprach ihn ein Rikscha-Unternehmer an, der auf der Suche nach neuen Leuten war. Kaum ein Rikscha-Zieher in Kalkutta ist sein eigener Herr. Die 10 000 Rupien, die jeder der hölzernen Karren kostet, bringen sie nicht auf. Geschäftsleute leben davon, Rikschas zu besitzen und an billige Männer wie Mangal zu verleihen, die sich dann auf die Suche nach Fahrgästen machen. Männer vom Land, die wenig zu bieten haben außer der Kraft ihrer Beine.

Mangal Chowdury nahm das Angebot an, so wurde er Rikscha-Zieher. Er hatte einen Weg gefunden, Geld zu fangen. Am Anfang verdiente er nur ein paar Münzen am Tag. Er verirrte sich im Gedränge der Stadt. Er kann ja keine Schilder entziffern, keine Namen lesen. Später half ihm die Gewohnheit, den richtigen Weg zu finden. Breite Gehsteige, wenige Geschäfte: die Mohammed Ishaque Road. Ein großes, strahlend weißes Gebäude an der Ecke: die Park Street. Ein Restaurant mit Turban tragendem Türsteher: die Abzweigung zur Mirza Ghalib Street. Es sind ja nicht viele Straßen, viele Gassen, in denen er sich bewegt. Die von Hand gezogenen Rikschas bedienen nur kurze Strecken, wer weiter weg will, nimmt eine Motorrikscha oder gleich ein Taxi.

Zehn, fünfzehn, manchmal zwanzig Kilometer läuft Mangal am Tag: Wäre er nicht jeden Abend in den Hinterhof in der Beniapukur Road zurückgekehrt, in dem er die Nächte verbringt, er wäre in den vergangenen zwanzig Jahren von Kalkutta aus längst einmal um die Erde gerannt, ein Wunder der Mobilität in Zeiten der Globalisierung. Stattdessen ist er daheim geblieben, ist tausendfach dieselben Straßen entlanggetrabt. Das Gebiet, auf dem er sich bewegt, ist kaum größer als der Ort in Bihar, aus dem er stammt. So hat das lärmende Kalkutta seinen Schrecken verloren. Mangal hat die Stadt zum Dorf gemacht, in dem er jede Ecke, jeden Teesieder schon einmal gesehen hat. Er ist in seiner Zeitzone geblieben.

Es dämmert schon, als Mangal an seinem Standplatz in der Muzaffar Ahmed Street wieder einen Fahrgast findet: Eine gebeugte Frau mit kleinem Kind auf dem Arm spricht ihn an. Sie will gerade auf der Sitzbank Platz nehmen, da kommt ein großer, von der Sonne geröteter Mann in T-Shirt, weiter Hose und Sandalen vorbei. Er hebt die Hand, ruft: »Rikscha!« Das ändert alles.

Plötzlich ist es Mangal, der Macht hat. Er, der gewohnt ist, dass ihn die Fahrgäste betrügen und zur Eile antreiben, befiehlt der Frau mit scharfen Sätzen, sich eine andere Rikscha zu suchen. So schafft er Platz für das bessere Geschäft. Die

Fremden, Europäer, Amerikaner, Australier, haben so viel Geld, dass sie um die halbe Welt fliegen können. Sie sind begehrte Fahrgäste.

Dieser hier will in die Sudder Street, wo die Touristenhotels und Guesthouses stehen. »Fifty Rupies«, fordert Mangal, als er ihn zehn Minuten später keuchend absetzt. Der Mann schaut ein wenig zweifelnd, nestelt dann an seiner Gürteltasche, gibt ihm schließlich vierzig Rupien, immer noch das Vierfache der normalen Rate, und geht in sein Hotel.

Am Abend hat Mangal 130 Rupien eingenommen. 2,60 Euro. Oft kommt er nicht einmal auf hundert Rupien. Es war ein guter Tag. Nach solchen Tagen fährt Mangal manchmal nach Sonagachi. Fast alle fahren nach Sonagachi. Jedenfalls ist das zu vermuten. Die Männer sprechen nicht gern darüber, die meisten, auch Mangal, behaupten, sie seien nie dort gewesen. Die Frauen aber erzählen etwas anderes. Sie sagen, ein Gutteil ihrer Kunden sei Rikscha-Zieher.

Sonagachi ist der Name des Viertels, das ein paar Kilometer nördlich des Hinterhofs in der Beniapukur Road liegt. Es ist laut, die Häuser sind verwittert, die Straßen voller Menschen, alles in Sonagachi ist so wie überall sonst in Kalkutta, bis auf die Frauen und die Plastikplanen. Die Planen hängen oben vor den Fenstern und versperren die Sicht auf das, was dahinter geschieht. Die Frauen stehen unten vor den Türen, in langen Reihen nebeneinander, manche in gelben Saris, andere in schwarzen Miniröcken und hochhackigen Schuhen, wie sie in Kalkutta sonst nur auf Werbeplakaten für französische Parfums zu sehen sind.

Offizielle Zahlen gibt es nicht, aber Schätzungen gehen von 9000 Prostituierten aus. Sonagachi ist einer der größten Rotlichtbezirke in Indien. Ein Sexmarkt, in dem auf den ersten Blick ein Kunde dem anderen gleicht, weil jeder das Gleiche will, und der doch in Wahrheit genauso geteilt ist wie der Rest des Landes.

Es gibt in Sonagachi hübsche, sorgfältig geschminkte, teure Frauen, die manchmal sogar Englisch sprechen und vor Häusern warten, in denen saubere Betten in sauberen Räumen stehen. Zu ihnen gehen erfolgreiche indische Geschäftsmänner. Und es gibt weniger hübsche, schlecht angezogene, billige Frauen mit verbrauchten Gesichtern. Auch sie stammen meist aus irgendwelchen Dörfern, weit draußen auf dem Land. Auch sie versuchen verzweifelt, Geld zu fangen. Zu ihnen gehen die Rikscha-Zieher.

Sie folgen ihnen über schwach beleuchtete, feuchte Treppen auf schwarze Holzpritschen, die in niedrigen Räumen stehen, immer drei oder vier Pritschen auf einmal, nur durch ein paar Tücher getrennt. Die Bordellbesitzer gehen sparsam mit dem Platz um. Zwanzig Minuten kosten nicht einmal fünfzig Rupien, knapp einen Euro. Das können sich auch Rikscha-Zieher leisten. In Sonagachi sind sie es, die bezahlen.

Die Straßen sind dunkel, als Mangal mit müden Augen den Hinterhof erreicht. Gleich hinter dem eisernen Tor sitzt ein stämmiger Mann mit Schnauzer und sauber gezogenem Scheitel neben einem brüllenden Fernseher: der Kleinunternehmer Anwar Hussain, Besitzer von mehreren Dutzend Rikschas und Eigentümer dieser Dera. So nennen sie in Kalkutta die Rikscha-Garagen. Die Garage ist nicht mehr als ein schmaler, feuchter Betonstreifen zwischen zwei Hauswänden. Jede Nacht liegen dort fünfzig Rikscha-Zieher neben fünfzig Rikschas auf dem steinernen Boden. Aber immerhin gibt es einen Wasserhahn, eine Latrine und ein Dach aus Ziegeln und Plastikfolien. Andere Rikscha-Zieher schlafen auf Kalkuttas Gehsteigen. In der Nacht legen sie sich neben die Straßen, die sie am Tag hinauf- und hinunterlaufen.

Mangal drückt Anwar wortlos einen 20-Rupien-Schein in die Hand, die Rikscha-Miete für einen Tag. Am Wasserhahn schrubbt er sich den Schweiß und den Staub vom Körper und zieht das andere, das frischere der zwei Hemden über, die er besitzt.

Unter dem Licht einer Neonröhre sitzen die Rikscha-Zieher in Gruppen auf dem Boden beisammen. Einige liegen auf niedrigen Holztischen und massieren sich gegenseitig Senföl in die Beine, das lockert die Muskeln. Andere haben gekocht. Mangal setzt sich dazu, er hockt sich auf seine Fersen, sein Nebenmann schiebt ihm einen Teller mit Reis und Gemüsesoße hin. Mit den Fingern greift er hinein, mischt, knetet, schiebt sich eine Handvoll in den Mund. Die Männer essen schweigend, nur hin und wieder lässt einer einen Satz fallen, meist über das Leben im Dorf, dass es bald wieder Zeit ist für die Ernte, zum Beispiel. Manchmal sprechen sie auch über das bevorstehende Verbot der Rikschas, schimpfen auf die Regierung, aber nur mit gesenkter Stimme. Auf der anderen Seite des Hofes wohnt ein einflussreicher Funktionär der Kommunistischen Partei, vor ihm haben sie Angst. Dann rollen sie sich in ihre Decken.

Von draußen dringt kaum noch Lärm in den Hinterhof. Das Hupen der Taxis, das Knattern der Motorräder, das Hämmern der Blechschmiede, sogar das Bellen der Hunde verstummt. Die Nacht bringt Kalkutta zum Schweigen. Einen Moment lang herrscht Ruhe in der Dera, bis sich ein neues Geräusch Raum verschafft, das bis zum Morgen nicht aufhören wird und wie ein endloses Echo durch die Reihen der Schlafenden wandert. Ein Geräusch, hervorgepresst aus fünfzig vom Dieselruß verdreckten Lungen. Das Husten der Pferdemenschen.

Barfuß

Als Sujoy Roy ein kleiner Junge war, trat er in seiner grünen Schuluniform aus dem Haus seiner Eltern, ging ein paar Meter den Gehsteig entlang, bog links um die Ecke und dann sah er ihn schon: den Rickscha-Zieher. Jeden Morgen stand er da: ein schlanker Mann mit sehnigen Beinen. Jeden Morgen brachte er den kleinen Sujoy zur Schule. Jeden Nachmittag holte er ihn wieder ab. Fünfzehn Minuten hin, und fünfzehn Minuten zurück. Das war alles.

Sie haben nie groß miteinander gesprochen. Sujoys Eltern hatten dem Rickscha-Zieher einen Auftrag gegeben: Bring unseren Sohn sicher durch den Verkehr dieser Stadt. Jedes Mal, wenn er Sujoy zur Begrüßung scheu anlächelte, war es ein Moment, in dem sich das alte und das neue Indien begegneten. Aber das konnte damals noch niemand wissen.

Heute arbeitet Sujoy Roy als Programmierer für eine Computerfirma. Er wohnt in einem hübschen Apartment am Stadtrand, abends geht er in Bars oder Diskotheken. Er ist jetzt Mitte zwanzig, und das Leben macht ihm Spaß. Wenn Forscher von einem neuen Selbstbewusstsein der Inder sprechen, dann sind es Menschen wie dieser Programmierer, an die sie dabei denken.

Der Rikscha-Zieher rennt noch immer durch Kalkuttas Straßen. Noch immer ist er barfuß. Sujoy Roy weiß das. Er hat ihn gesehen, vor kurzem erst, als er wieder einmal in seinem schwarzen Sportwagen durch die Altstadt fuhr. »Ich habe ihn gleich erkannt, seine Haare sind grau geworden, aber sonst hat er sich kaum verändert, kein Wunder, in dem Job kriegt man keinen Bauch.«

Der Rikscha-Zieher wird seine Arbeit verlieren, sobald die Regierung das Verbot der Rikschas überall durchsetzt. Vielleicht wird er sich irgendwo als Handlanger verdingen, vielleicht wird er zurück aufs Land ziehen, falls er dort eine Familie hat. Weg aus Kalkutta. Die größte, wichtigste, reichste Metropole des Subkontinents ist Kalkutta schon lange nicht mehr. Es ist jetzt Mumbai, das die Menschen lockt. In Kalkutta ist der Hafen versandet und bietet großen Schiffen keinen Platz mehr, aber in Mumbai legen Frachter aus aller Welt an.

VIERTE ETAPPE

Per Containerschiff nach China

von Henning Sußebach

Dann kommt der Morgen, und wir erreichen den Highway. Es ist sechs Uhr, 28 Grad warm, am Himmel zerfallen tropische Gewitter. Auf der Brücke leuchten die Monitore, Radargrün fällt in den Raum und macht blasse Gesichter. In der Nacht sind erst die Malediven links vom Bildschirm gerutscht, Stunden später Sri Lanka. Nun ist da nur noch Wasser, auf dem Monitor und vor den Fenstern. Still, grau, endlos. Romantiker würden sagen, dies sei der Indische Ozean. »Na ja«, hatte Sörnsen gestern beim Bier in der Schiffsbar erwidert, »für uns ist das der Highway.« Dann hatte er sein heiseres Lachen gelacht, zerkratzt von hunderttausend Zigaretten.

5° 36' NORD / 81° 52' OST

Wir sind unterwegs auf der Seidenstraße der Moderne. Es gibt hier keine Wegweiser und keine Meilensteine, es gibt nur eine Richtung: 86 Grad. Auf dem Kompass ist das Osten. Jedes Schiff, das von Europa nach Ostasien fährt, nimmt diesen Weg. 1600 Kilometer durch den Indischen Ozean, immer geradeaus.

In der Nacht hat die Flaminia sich eingereiht, von Norden, aus Indien kommend. Vor zwei Tagen hat Kapitän Sörnsen das Schiff aus dem engen Hafen von Mumbai gesteuert, diesen vibrierenden schwarzen Riesen mit Platz für 6700 Container, gebaut von der Daewoo-Werft in Korea. Keine Schönheit, eher eine Zweckmäßigkeit. Dreihundert Meter lang und vierzig Meter breit – zu breit für den Panamakanal. Wer da staunt, kriegt von Sörnsen zu hören: »Die Karibik ist was für Touristen.« Geschäfte werden in der anderen Himmelsrichtung gemacht. Seit fünf Jahren fährt Sörnsen die östliche Welthälfte ab, Hamburg, Bremerhaven, Port Said, Sues, Dschidda, Mumbai, Singapur, Chiwan, Xiamen, Xingang, Ningbo, Xiamen, Chiwan,

Hongkong, Singapur, Dschidda, Sues, Beirut, Antwerpen, Hamburg, immer wieder. Liniendienst nach Fahrplan, eine Endlosschleife durch chinesische Häfen, die in Deutschland niemand kennt und die in Deutschland doch alles verändert haben.

Jetzt, an diesem Morgen, sind sechs Millionen Container auf den Weltmeeren unterwegs. Auf Schiffen, die gerade den Hafen von Rotterdam verlassen, den Sueskanal passieren, in eines der zahllosen Containerterminals um Hongkong einlaufen, den Pazifik in Richtung Los Angeles durchqueren. Auf der Flaminia tropfen Blut und Salzlake aufs Deck, aus Containern voller Tierhäute. Die Felle sollen zum Gerben nach China. Und die Flaminia ist nicht allein im Ozean. Auf dem Radar ist eine Reihe gelber Punkte zu erkennen, wie Maden kriechen sie nach Osten. Das sind die anderen. Kollegen, Konkurrenten auf dem Highway.

5° 41' NORD / 83° 14' OST

22 Mann sind an Bord. Sechs Deutsche, 16 Filipinos. Die Deutschen bleiben mindestens drei Monate auf dem Schiff, die Filipinos ein halbes Jahr oder länger. Zwei Welten, zwei Kulturen, eine Crew-Liste mit schönen Namen. Sven Asmus Sörnsen, Peter Petersen, Matthias Appelstiel. Claudio Molina, Edgardo Pepito, Marcelino Mataberde. Nautiker, Mechaniker, Elektriker, Ingenieure, Matrosen, Maschinisten, ein Koch. Kein Arzt, keine Frau.

Im Schiff liegen Videos aus. *Werner Beinhart*, *9 1/2 Wochen*, *James Bond*, viele Western, ein paar *Tatorte*. Der Rest sind Pornos, in denen Frauen mit traurigen Augen Männern die Hosen aufknöpfen.

Unten im Schiffsbüro, Deck A, flucht der Erste Offizier Appelstiel noch immer über den »Knackwursthafen« in Nhava Sheva, Mumbai. Erst war die Fahrrinne so flach, dass die Flaminia, dick wie eine trächtige Katze, draußen auf Hochwasser warten musste, dann waren die Kräne so klein, dass erst bei Tiefwasser entladen werden konnte. Chaos, Warterei, verlorene Zeit. »Alles Affenköppe da!«, schreit Appelstiel.

Man kommt der Welt nicht unbedingt näher, je besser man sie kennenlernt. An Bord der Flaminia wird sie in Klischees gepresst. Arabisch in den Zollpapieren heißt »Nudelschrift«, Chinesisch »Knochenschrift«. Nach dem Auslaufen in Mumbai hatte Appelstiel die Crew in seinem hanseatischen Singsang gefragt: »Und? Irgendwelche Inder aus den Containern gekrabbelt?«

Appelstiel, vor 33 Jahren in Wilhelmshaven geboren, hat ein rundes Gesicht und eine frühe Glatze. Er nennt das »Striptease auf höchstem Niveau«. Auf der Flaminia ist er für Humor und Ladung zuständig. In Indien hat er gebrauchte Hobelmaschinen, Tomatensamen und Aluminiumschrott aus Hamburg ausgeladen. An Bord kamen Basmatireis für Großbritannien, Plastikmehl für China, gemahlen aus PET-Flaschen, dazu Viskosegarn und Baumwolle für Indonesien. »Das fahren wir nächstes Mal als T-Shirts zurück«, sagt Appelstiel.

Das Schiffsbüro ist eine kleine Welthandelsorganisation. 98 Prozent aller Waren, die zwischen den Kontinenten transportiert werden, werden auf Schiffen wie der Flaminia gefahren: die neue Turnschuhkollektion von Nike, Hemden für H&M, Schrauben für Ikea. In seinem Computer kann Appelstiel die Handelsbilanzen der Länder ablesen. Indien zum Beispiel ist Müllhalde Europas und Rohstofflieferant für China. China ist ... »Tja, China«, sagt er, zieht die Augenbrauen hoch und zeigt auf den Bildschirm. »Das ist China.« Auf dem Monitor baut sich die Flaminia auf, wie vom Computertomografen in Scheiben geschnitten: der Stauplan, Container für Container. Grüne Würfel sind Ladung für Singapur, rote für China, graue sind leer. Im Moment sind die meisten Würfel grau. »Wie immer aufm Weg nach Osten«, sagt Appelstiel. »Auf dem Rückweg sind wir voll.« Flachbildschirme, Spielzeugautos, ein Container linke Schuhe, ein Container rechte Schuhe.

Der Container, dieser schlichte Kasten, hat den Welthandel revolutioniert. Zwanzig Fuß lang, 8 Fuß breit, 8,5 Fuß hoch – das ist das Maß der Globalisierung und doch ein Produkt des Zufalls. 1956 kam der amerikanische Spediteur Malcolm McLean auf die Idee, die stählernen Anhänger seiner Lastwagen in den Häfen nicht mehr mühsam umzuladen, sondern direkt aufs Schiff heben zu lassen. Der Gedanke soll ihm gekommen sein, als er eine Schachtel Zigaretten aus dem Automaten zog. Fortan war der Warenumschlag nur noch eine Sache von Stunden. Tausende Hafenarbeiter wurden arbeitslos, Hunderte Reeder wurden reich. Und die Warenlogistiker hatten ihre Weltformel. Noch immer entspricht die Höhe der meisten Container jener der Anhänger, mit denen McLean vor fünfzig Jahren die Hafentunnel von New York durchqueren konnte. Wird heute in Sibirien ein Baum gefällt, wird er gleich aufs globale Maß zurechtgesägt.

Der Seeweg ist billig. Es braucht nicht viele Männer für ein Schiff, es gibt keine Mautstationen auf dem Meer, der Sprit ist steuerfrei. Die Verschiffung eines Containers aus Fernost nach Hamburg kostet 1000 Euro, mehr nicht. Ein Handy verteuert sich um zwei Cent, eine Flasche Bier um fünf. Schiffe wie die Flaminia haben die Welt sehr klein gemacht. Jeder Metallbetrieb in Wuppertal konkurriert mit jedem Provinzhafen in Vietnam, als lägen bloß ein paar Kilometer dazwischen. »Einmal hab ich 'ne ganze Ladung Hühnereier von New York nach

Bremerhaven gefahren. Dabei haben wir doch selber welche«, sagt Appelstiel. »Ich will das gar nicht alles wissen, ich fahr einfach hin und her.« Mittlerweile werden Nordseekrabben zum Pulen nicht mehr nur mit Lastern nach Marokko gefahren, sondern mit Schiffen bis nach China.

Manchmal ist der Transport sogar günstiger als jede Lagerung. So werden in Kühlcontainern, die Fleisch von Australien nach Holland fuhren, Tulpenzwiebeln zum Austreiben nach Neuseeland gebracht und später wieder abgeholt. Das ist billiger, als ein Gewächshaus zu betreiben. »Besser is', man denkt nich' drüber nach«, sagt Appelstiel.

Die Flaminia hilft dabei, Schiffe sind Meister im Verdrängen. Die Welt ist reduziert auf ein Geräusch, das Stampfen der Maschine. Manchmal hallen Glockenschläge durch das Schiff, dann klopft der Matrose Munoz mit dem Rosthammer das Deck ab. Die Tage verstreichen. Der Bug zerschneidet die See, knisternd zerfällt die Gischt. Das Meer läuft wie ein Film unter der Flaminia hindurch, man sieht es zwar, doch spürt es nicht. Hinterm Heck bleibt weißes Schraubenwasser zurück. Schäumender Arbeitsnachweis, Schiffsautogramm im Ozean.

Man lernt ein paar Sachen. Auf der Brücke trägt man Hausschuhe. Die Uniform des Kapitäns hängt in einem Kleiderschrank in Lübeck. Meistens fährt das Schiff allein, und der Wachhabende blättert schweigend in alten Zeitschriften. An Bord wird nicht gepfiffen. Wer pfeift, holt den Wind ran.

Die Zeit zerfällt, alle paar Nächte wird die Uhr umgestellt. Jetzt, auf dem Weg nach Osten, hat mancher Tag nur 23 Stunden. Es wird hell, und es wird dunkel, Dienstag ist wie Montag, Donnerstag wie Mittwoch, Wochenenden gibt es nicht, nach einer Weile gibt es nur noch Stunden. 7 Uhr Frühstück, 12 Uhr Mittag, 18 Uhr Abendessen. Gestern gab es Rindsrouladen, heute gibt es Strammen Max, morgen wird es Labskaus geben.

Zu wenig Obst gibt es immer. Die Zeit vergeht nicht und vergeht doch. Der Kapitän wäscht schon seine langen Unterhosen. Einen Tag lang baumeln sie am Handlauf auf Deck G. In China wird es kalt sein.

5° 55' NORD / 87° 04' OST

Ein abendlicher Gang durchs weiße Deckshaus, neun Stockwerke hoch: Im U-Deck läuft die Waschmaschine. In der Kombüse auf Deck B kratzt der Koch Alerta seine Pfannen sauber. Im kleinen Gymnasium auf Deck C drischt der Matrose Delumpines auf einen Boxsack ein und rühmt die Kampfhähne seines Vaters in Iloilo. Nebenan frisiert der Maschinist Molina seine Kollegen, schwarzes Haar fällt auf Linoleum. Auf Deck D hat Petersen, der Mechaniker aus Rostock, seine Kabinentür schon zugemacht, seine Schlappen stehen davor. Auf Deck E leises Lachen, zwei Männer beim Bier: Appelstiel und Michalok, der Chef-Ingenieur. Auf Deck F hat der Zweite Ingenieur Grunwald, ein massiger Mann mit Bauch und Bart, seinen Laptop aufgeklappt und schaut einen Film, dem Geräusch nach einen Western. Auf Deck G ruht der Kapitän. Langsam schluckt die Nacht das Schiff.

Am nächsten Morgen schiebt Sörnsen oben auf der Brücke die Tür auf und tritt nach draußen. Der Ostwind reißt an seinen grauen Haaren. Sörnsen zieht die Luft ein, einmal, zweimal. »Riechen Sie das?«, fragt er. »Indonesien. Die offenen Feuerstellen.« – »Stinkt wie Indien!«, ruft Appelstiel. Es dauert noch einen Tag, bis wir Land sehen.

6° 25' NORD / 95° 00' OST

Dann macht der Highway eine Kurve, die erste Kursänderung seit Indien. Träge dreht die Flaminia gen Süden in Richtung Singapur und läuft in die Straße von Malakka ein, die Meerenge zwischen Malaysia und Indonesien. Etwas Dunkles huscht vorbei. Seit Tagen wieder ein Vogel, groß und grau in der Abenddämmerung. Draußen auf dem Brückendeck steht Elmer Directo Cabig, 43 Jahre alt, Matrose. Hart spannt sich bronzene Haut über seine Wangen. Cabig macht enge Augen. Er ist die Nachtwache. Meerengen sind immer gefährlich. Viele Schiffe, viele Fischerboote.

Und hier noch die Piraten. Es gibt sie wieder. An den Küsten, wo die Armut wohnt und der Reichtum der Welt vorbeifährt. In Somalia, im Golf von Aden, in Indonesien, hier, jetzt. Cabig weiß: Er muss auf Gruppen von Fischkuttern achten, aus denen sich ein Speedboot lösen könnte voller Männer mit Macheten und Maschinenpistolen.Für die Schiffsversicherer in Europa ist die Straße von Malakka »Kriegsrisikogebiet«. Für die Besatzung der Flaminia heißt das: Türen zu, Augen auf, Radar auf Nahdistanz – und hoffen, dass ihr Schiff zu hoch und schnell ist für die Wegelagerer der Neuzeit. Jede Woche kommt ein neuer Piracy Report, als blasses Telex hängt er überm Kartentisch. Der letzte Überfall hier liegt drei Tage zurück, da traf es einen Stückgutfrachter. Schiff geentert, Crew gefesselt, Maschinenraum geplündert. Die Piraten wissen, dass die Kapitäne ihre Männer teils in bar bezahlen. Ihr erstes Ziel ist immer die Bordkasse, manchmal die Ladung, manchmal das ganze Schiff. Im Dezember 2005 verschwand die Steadfast, ein 150 Meter langer Chemietanker aus Portsmouth.

Mit 23 Knoten pflügt die Flaminia nach Süden. Jetzt bloß keine Fahrt verlieren. Cabig schaut ins Dunkel. Ein paar Lichter querab. Sie fallen schnell zurück. Dann ist da wieder nichts außer den Sternen. Cabig blickt hinauf. Ein Stern blinkt und zieht schnell weiter. Ein Flugzeug. Manager unterwegs, Firmenritter in Anzugsuniformen. Immer steht ein frisch gemachtes Bett bereit, ein Telefon und eine Schale Obst. Das, dachte man bislang, sei Globalisierung. Vielleicht aber ist das nur eine Art Hilton-Globalisierung, denkt man jetzt, da man mit Elmer Directo Cabig als kleiner Punkt im Ozean klebt und nach Piraten schaut. Vielleicht ist Globalisierung das, wovon Cabig in dieser Nacht erzählt: Als sein Vater starb, vor einem Jahr, war er im Südpazifik unterwegs, auf einem anderen Schiff. Hinter dem Horizont Australien. Die Crewing-Agentur in Manila, die Matrosen wie ihn auf Frachter in aller Welt verteilt, sechs Monate hier, sechs Monate da, zahlt in einem Notfall einen Flug: wenn der nächste Angehörige stirbt. Bei Cabig wäre das Rhea, seine Frau. Für den Vater hätte er selber zahlen müssen. Aber wie? Einmal Melbourne-Manila? Ein Monatsgehalt wäre das gewesen, 1200 Dollar, mindestens. »So starb mein Vater ohne seinen Sohn«, sagt Cabig und schweigt. »Bei mir war's das erste Mal der Hund, diesmal war's die Mutter«, sagt Appelstiel. »Besser is', man denkt nich' drüber nach.«

1° 16' NORD / 103° 46' OST

Plötzlich eine Lawine von Landgeräuschen, Landgerüchen. Singapur. Die Skyline ragt empor. Autohupen, Hubschrauberkrawall. Der Geruch nach warmer Straße. Sommer im Winter. Der Äquator ist ganz nah. Kräne beugen sich übers Schiff wie Tiere zum Trog, Vibrieren, Schütteln, Stahldonnern. Singapur nimmt polnischen Zucker, nimmt gebrauchte deutsche Computermonitore für Malaysia, nimmt amerikanische Traktorreifen für Thailand, dazu Edelstahl aus 47877 Willich-Münchheide, der auf ein Schiff in Richtung Korea umgeladen wird. Singapur gibt Farben, Lacke, Teer und Aluminiumschrott für China, dazu gebrauchte Mercedes-Limousinen. Unter Deck rechnet der Ladungsoffizier die Statik durch. Wo liegt der neue Schwerpunkt? Droht Schlagseite? Dann pumpt er das Wasser in den Ballasttanks um. Sörnsen läuft in seiner freien Stunde zum Friseur. Das macht er immer hier.

2° 57' NORD / 105° 28' OST

Am nächsten Tag, es ist der achte dieser Reise, öffnet sich vor der Flaminia das Südchinesische Meer, mit Schaumkronen betupftes Grau. Escorsa, Alerta und Delumpines laufen mit trüben Augen durchs Schiff. Der Landgang hat Wunden gerissen. Sie waren mit dem Bus in die Stadt gefahren, sind um die teuren Bars geschlichen und haben dann bei Kentucky Fried Chicken gesessen. Dort kommt man mit drei Dollar aus. Außerdem sind da immer die philippinischen Kindermädchen. Es gibt Abende, die mehr Wünsche wecken, als sie erfüllen können.

Der Kompass zeigt 24 Grad. Es geht nach Norden, an Vietnam vorbei nach China. Der Wind nimmt zu, auf Stärke acht. Das Meer ist jetzt kein Film mehr, die Flaminia arbeitet in schwarzen Wellen. Tassen rutschen, Türen schlagen. Die Decks-Crew reibt sich das Salz aus den Augen, Sörnsen bringt die Nachrichten zum Kaffee. Täglich schickt die Deutsche Welle ein paar Kurzmeldungen, der Kapitän druckt sie aus, doch kaum jemand liest. Vogelgrippe, Gammelfleisch, Mohammed-Karikaturen? Ist ohnehin alles vorbei, bevor man zu Hause drüber reden könnte. Als der Tsunami durch den Indischen

Ozean rollte, hat auf den Schiffen auch keiner was gemerkt. So werden große Nachrichten klein und kleine Nachrichten groß. Sörnsen meldet: »Es ist nur noch zweimal Grünkohl da.«

Die Kabine des Kapitäns ist ganz oben im Schiff. Buchenimitat auf blauem Teppich, Koje, Schreibtisch, Couch. Vor den Fenstern Gardinen, dahinter nicht das Meer, sondern Container. Wie Sörnsen da sitzt mit seinen sechzig Jahren, der Nacken schon ein wenig rund, und wie er reglos durch seine Brillengläser schaut, erinnert er an eine alte Eule.

Sven Asmus, einziger Sohn des Fischräucherers Hans Heinrich Sörnsen in Warnemünde. Der Vater roch nach Fisch und

© Jan Siefke

Kapitän Sven Asmus Sörnsen bei der Arbeit: Am Kartentisch steckt er die Kurse für die nächsten Tage ab. Oft geht es stundenlang geradeaus.

Rauch, der Sohn sollte ihm folgen. Er filetierte Heringe und drehte Rollmöpse, zog Sprotten auf Räucherspieße. Es war die Zeit, in der die Welt noch groß und Sörnsens Revier noch klein war: die Ostseeküste der DDR. Mit 18 ging er auf den Kutter, mit 21 kam er in schwere See. »Weiß ich noch genau«, sagt Sörnsen und dreht sich eine Zigarette, »der 6. 6. 66 war das. Schlechtwetter gewesen. Wir mussten einen Nothafen auf Møn anlaufen. Dänemark.«

Sörnsen ging stiften. Den Vater hat er nie wiedergesehen, der starb im selben Jahr. Für den Sohn öffnete sich die Welt. New York, Costa Rica, Haiti. Mit einem Bananenfrachter nach Ecuador. Mexiko, Alaska, Südafrika. Dann Christa in Lübeck. Der Rhythmus von Abschied und Ankunft. Das Fremdeln der Kinder, wenn der Vater nach Hause kam. Für Sörnsen war immer der Test, ob er die Zwillinge noch unterscheiden konnte, Lars und Arne. »Ging aber«, sagt er und klopft auf den Couchtisch. Manchmal ist ein Matrose zur Geburt seiner Kinder auf See. Schlimmer ist, wenn er zur Zeugung nicht zu Hause ist. »Das sind dann nachher die Scheidungen«, sagt Sörnsen.

Wie jedes Schiff hat auch die Flaminia nicht nur Fracht an Bord, sondern zahllose Geschichten. Da ist Arniel Delumpines, dessen Frau einen schweren Autounfall hatte und die ihn nicht mehr erkennt, wenn er nach Hause kommt. Da ist Rex Alerta, der Koch, der gern ein Restaurant in Manila eröffnen würde, aber fürchtet, dass er nicht mehr philippinisch kochen kann nach elf Jahren Kohlrouladen, Bohnensuppe, Sauerkraut. Und da ist Sörnsen, der sich im Windschatten des Schornsteins sein kleines Warnemünde gebaut hat; einen Räucherofen aus Ersatzteilkisten. Der Kapitän hat immer deutsches Buchenholz auf seinem Schiff, in den Häfen kauft er Aal. Beruhigt sich das Wetter, riecht es irgendwo auf dem Ozean nach Fisch und Rauch und Vater.

22° 12' NORD / 114° 10' OST

An einem neuen Morgen hat sich der Wind gelegt, die Flaminia läuft ins Perlfluss-Delta ein – Ladeluke für tausend Fabriken in Hongkong und Shenzhen. Die Terminals hier schlagen mehr Waren um als alle Häfen in den USA zusammen. Voraus liegt Hongkong im Dunst. Wohnblöcke in Pastell, die Stadt drängt ans Ufer. Der Kapitän sagt: »Jedes Mal, wenn ich hier bin, steht ein neues Hochhaus.«

Langsam gleitet die Flaminia an Hongkong vorbei. Zwei Lotsen kommen an Bord. Sörnsen hat eine Flasche Weinbrand hingestellt, »damit dat lüppt«. Zwei Stunden später macht das Schiff in Chiwan fest, einer öden, staubigen Hongkonger Vorstadt. Die Crew nennt Chiwan nur »20-Dollar-Hafen«. Es gibt auch einen Weltmarkt für Sex, zumindest für Matrosen. Es gibt hohes und niedriges Lohnniveau, und Chiwan ist auf der Route der Flaminia am günstigsten. Am Hafentor fahren kleine koreanische Busse vor. »Ferkeltaxis!«, sagt der Erste Offizier. Chinesen in dunklen Lederjacken rufen: »Want a massage? Want a gööl?« Als die Flaminia nach wenigen Stunden wieder ablegt, wird dann doch gepfiffen an Bord.

23° 07' NORD / 117° 13' OST

Seit Chiwan fährt die Flaminia die chinesische Küste entlang nach Osten in Richtung Straße von Taiwan. Auf dem Radar ziehen Inseln vorbei, die nur Namen bleiben: Dahao, Nan'ao Dao, Dao. Sörnsen will um 15 Uhr in Xiamen in der Taiwan-Straße sein. Dann bliebe er im Fahrplan.

Sörnsens Dienst an der Welt ist Pünktlichkeit. Er steuert ja nicht bloß ein Schiff, er fährt ein Renditeobjekt. Die Flaminia gehört der Münchner Conti GmbH, einem Emissionshaus für Schiffsbeteiligungen. 692 Gesellschafter aus ganz Deutschland haben sich jeweils mit mindestens 25 000 Euro an ihr beteiligt. Ein Drittel aller Containerschiffe weltweit gehört deutschen Eignern. Die deutsche Flotte ist die größte der Welt, der Einsatz manchen Investors hat sich in vier Jahren verdoppelt. Es gibt nicht nur Globalisierungsverlierer in Deutschland.

Conti in München stellt die Flaminia der Niederelbe Schifffahrtsgesellschaft in Buxtehude zur Verfügung, die den Frachter als sogenannter Korrespondenz-Reeder betreibt und – wie einen Lastwagen inklusive Fahrer – an die Mediterranian Shipping Company in Genf verchartert. Die macht die Warenlogistik und zahlt rund 30 000 Dollar dafür, pro Tag. Deshalb zählt jede Stunde, denn wie schnell wird aus einer Stunde ein Tag. Was, wenn in Xiamen alle Liegeplätze belegt sind? Wenn die Flaminia den Konvoi durch den Sueskanal verpasst? Jeden Mittag muss Sörnsen einen Bericht nach Genf senden. In den Verträgen steht, dass sein Schiff bei einem Tiefgang von zwölf Metern mindestens 25,6 Knoten schnell sein muss, aber maximal 219 Tonnen Schweröl am Tag verbrauchen darf. Verstöße muss Sörnsen begründen, mit Seegang, Strömung, Sturm. Manchmal sitzt er stundenlang und schreibt. Das Meer ist ein Markt geworden, der Wind treibt die Preise, ein Taifun im Pazifik lässt Kaufleute in Deutschland unruhig werden.

Sörnsen hat siebzig Tage pro Runde, auf seinem Fahrplan steht schon jetzt: Bremerhaven, 21. März, 20 Uhr. »Das ist, als wenn man eine S-Bahn nimmt. Man muss nur einsteigen«, hatte einer seiner Chefs in Buxtehude gesagt. Als die Flaminia – pünktlich um 15.06 Uhr – in Xiamen festmacht, heben Kräne Ebenholz aus Madagaskar aus dem Schiff, Travertin aus Iran und Carrara-Marmor aus Italien. China richtet sich ein.

Der Hafen liegt weit draußen vor der Millionenstadt. Es

staubt. Sand wird aufgeschüttet für neue Terminals, ein halber Berg wird abgetragen. Überall entlang der chinesischen Küste ragen neue Piers ins Meer, wie Arme, die sich nach Schiffen strecken. Seekarten sind bei Ausgabe schon wieder veraltet, nichts scheint mehr gültig zu sein. Rotterdam schafft es nicht mehr, die Frachter pünktlich abzufertigen, die Nordsee ist ein Parkplatz geworden, die Straße von Dover fast dicht. Der Hamburger Hafen hält sich mit Mühe unter den Top Ten der Welt, der Weg von der Nordsee die Elbe hinauf ist lang, Schiffen wie der Flaminia mit ihrem Tiefgang bleiben pro Flut nur zweieinhalb Stunden. Im Perlfluss-Delta werden die Schiffe von Land aus überwacht wie andernorts der Flugverkehr. Shanghai baut neue Terminals. Überall wird erweitert, Skrupel rentieren sich nicht. Wer mitmacht, kann gewinnen. Wer nicht mitmacht, verliert bestimmt.

Als Sörnsen die Flaminia im Sommer 2001 in Korea aus der Werft holte, war sie das größte deutsche Containerschiff, ein junger, starker Lastesel. Allein das Ruderblatt: siebzig Quadratmeter, eine kleine Dreizimmerwohnung. Seitdem ist das Schiff mehr als eine Million Kilometer gelaufen, 25-mal um die Erde. Doch nun wird die Flaminia auf ihrer Route immer öfter von neuen Riesen überholt, Schiffsburgen mit 8000, 10 000 Containern an Bord. Die Reeder lassen Frachter zeichnen, die 13 000 Container tragen können. Und die Chinesen haben begonnen, ihre Waren selbst zu fahren. Manchmal sieht Sörnsen den anderen durchs Fernglas nach und brummt leise: »Alter.« Draußen wird es kälter. Die Mannschaft zieht Pullover an.

36° 31' NORD / 122° 59' OST

Der Jüngste an Bord ist 29 und heißt Alberto Caranto Navarro. Er fährt seit neun Jahren zur See. In seinem Pass, der im Kapitänsbüro liegt, haben sich Spuren eines Matrosenlebens angesammelt. Einreisen, Ausreisen, Schiffsstempel. MS Conti York, MSC Ilona, CSCL Nantong, MSC Flaminia. Auf der letzten Seite in penibler Handschrift noch ein Hinweis: In case of accident or death, please notify: Carmelita C. Navarro, 88. Pinalaoan Calasiao, Pangasinan.

Navarro ist das Kellerkind der Flaminia. Er ist »Oiler A« im Maschinenraum, tief unter der Wasserlinie. Draußen sinkt die Temperatur dem Nullpunkt entgegen, hier unten sind es 34 Grad. Navarro ist umgeben von Hitze, Pflicht und Gefahr: *Ear protection must be worn! Fire door to be kept closed! Bring back all tools! Clean after using!* Jeden Tag schreitet er die Maschine ab, läuft Treppen rauf, Treppen runter, klettert durch 75 000 PS, groß wie eine Turnhalle. Ein Höllenlärm, eine Lärmhölle, ein schwarzes Gewitter. Das Rütteln der Maschine lässt noch oben in den Kabinen die Blumen vibrieren und den Kaffee in den Tassen zittern. Stoßdämpfer gibt es nur auf Kreuzfahrtschiffen. Navarro trägt einen roten Overall, ein breiter Gürtel würgt die schmale Taille. Stolz hat sein Gesicht gezeichnet, vielleicht auch Trotz. Navarro muss putzen, den Öldruck prüfen, nach Lecks schauen. Jedem Tropfen muss er nachspüren und ihn den Deutschen im Kontrollraum melden. Grunwald, dem Zweiten Ingenieur. Petersen, dem Schiffsmechaniker. Wenn er Pech hat, verbrennt ihm eine Verpuffung das Gesicht. Manchmal verflucht Navarro seinen Job. Und dankt Gott doch jeden Tag dafür.

Schweiß tropft von seinem Kinn, er muss gegen das Rattern der zehn Zylinder anschreien, um zu erzählen: Seine

Eltern seien Reisbauern auf der Insel Pangasinan, neun Brüder und Schwestern habe er. »Manchmal fragen die: Wie sieht Amerika aus? Sind die Frauen in Brasilien wirklich so schön? Hast du uns was mitgebracht?« Jedes Jahr schreiben sich auf den Philippinen 300 000 Männer auf Seefahrtsschulen ein, die deutschen Reeder schätzen sie als billige, genügsame Seeleute. Die Flaminia fährt Navarro hinaus in die Welt des Wohlstands. Jeden Monat schickt er Geld nach Hause.

Vor einem Jahr hat er geheiratet. Er hat Bilder seiner Frau in der Koje, das Album liegt neben seinem Bett, dort, wo auch das Kreuz hängt und der Rosenkranz. Auf den Fotos sitzt eine junge Frau in einem Zimmer, so karg wie Navarros Kabine. »Saudi-Arabien«, sagt er, »da war sie sechs Jahre lang als Krankenschwester.« Die beiden haben sich der Welt zur Verfügung gestellt. Zwei Leben in Bereitschaft, zwei Leben in Gästezimmern, ohne Visum für das Land des anderen. Jetzt wünscht sich Navarros Frau ein Kind, doch dafür müssten sie sich erst mal sehen. Vielleicht gelingt es im April, das hängt von der Crewing-Agentur ab, die den Takt in Navarros Leben schlägt und Schicksal spielt: Jedes Mal, bevor er auf ein neues Schiff vermittelt wird, wird er in Manila untersucht. Augen, Ohren, Herz, Blut, Urin. »Wenn ich ein Problem habe, bin ich weg«, sagt Navarro. Er muss auf der Liste bleiben. Er stemmt Gewichte, jeden Tag. Er meidet die Häfen. Er darf seine Zukunft nicht an die Gegenwart verschwenden, an Zigaretten, Alkohol, Mädchen. »Ich höre auf, sobald ich genug Geld habe. Für ein Haus. Für meine Frau, hoffentlich zwei Kinder. Für einen Toyota vielleicht, ein Reisfeld. Vielleicht werde ich noch Ingenieur und kann einen Brunnen bauen. Plenty of dreams«, sagt er in gebrochenem Englisch.

Oben im Kontrollraum sitzt Grunwald, der eine Frau hat und Familie, ein Haus und ein Auto – all das, wovon Navarro träumt. Oft schimpft Grunwald auf die Filipinos. »Die da unten lachen uns doch aus«, sagt er dann, »die bauen sich für 20 000 Dollar ihr Haus, da krieg ich nicht mal 'ne Garage für. Die leben wie die Fürsten! Rasenmähen? Machen die nicht selber. Zu heiß. Die winken mit 'nem Dollar, und schon kommt einer aus dem Dorf.«

Navarro kann ihn nicht verstehen, er kennt ja nur ein deutsches Wort: kaputt. Er kennt nicht »Teuro«, »arbeitslos« und »Krise«. Wenn Grunwald poltert, lacht er. Er will doch höflich sein. Grunwalds Tochter in Deutschland ist arbeitslos. Petersens Tochter fürchtet um ihren Job als Verkäuferin. Sörnsens Sohn Lars war für die Bundeswehr im Kosovo und in Afghanistan, jetzt wird sein Standort dichtgemacht. Das Leben in Deutschland ist karger und riskanter geworden, die Welt dreht sich. Die Deutschen an Bord sind Väter arbeitsloser Kinder, die Filipinos sind Kinder arbeitsloser Väter. Weihnachten haben sie getrennt gefeiert.

38° 52' NORD / 118° 07' OST

Der Radarschirm zeigt schon die Küste, die lange Pier des Hafens von Xingang im Norden Chinas, da rasselt die Ankerkette. Die Flaminia soll eine Woche auf Reede liegen, eine Anweisung der Logistiker in Genf, das Telex kam in der Nacht. Auf der anderen Seite der Erde wird umdisponiert, werden Schiffe wie Spielzeuge verschoben. Wird schon seinen Grund haben, heißt es an Bord. Entscheidungen werden nicht mehr auf See getroffen.

Das Schiff liegt im Nebel, die Instrumente melden ein Grad Luft und null Grad Wasser. Nach 15 Tagen hat die Flaminia fast den Wendepunkt ihrer Reise erreicht. Bald wird sie drehen und in Chinas Häfen Waren für den Westen aufnehmen, »Europa-Cargo« heißt das in Appelstiels Ladelisten. Sonderangebote, Schnäppchen, Preisbrecher. Die Deutsche Welle meldet hart geführte Tarifverhandlungen und die neuen Arbeitslosenzahlen. Sanft wiegen die Wellen das Schiff. Es kommt ganz gut durch die unruhigen Zeiten. Wer an Bord ist, schwimmt mit dem Strom der Globalisierung und wird nicht von ihm fortgerissen. Vielleicht ist die Flaminia einer der sichersten, auch einer der opportunistischsten Orte dieser Erde. Man darf nur nicht verkümmern, aufgeben. »An Land«, sagt der junge Offizier Peris oben auf der Brücke, »an Land ist das Leben saugefährlich geworden.« Dann steht er auf. Es ist zwölf Uhr, im Schiff klappern Teller. Zum Mittagessen gibt es Grünkohl.

Veteranen

Der Kapitän stand noch lange winkend auf der Brücke, als das Lotsenboot ablegte und den Reporter an Land brachte. Sven Asmus Sörnsen, erstmals zur See gefahren vor Warnemünde, auf Reede zwischen China und Nordkorea, am Rand der Weltkarte. Er wurde kleiner und kleiner, ein weißer Punkt auf einem schwarzen Pott, der schließlich im Dunst verschwand und mit ihm all die Geschichten. Die Träume des Matrosen Navarro, der Groll des Ingenieurs Grunwald, der Räucherofen des Kapitäns Sörnsen.

Eine Woche später lief die MSC Flaminia im Hafen von Xingang in China ein, lud ab, lud zu und begab sich wieder auf ihre Endlosschleife zwischen den Kontinenten, wieder dieselben Häfen, dieselben Kneipen, dieselben Bordelle.

Und doch eine veränderte Welt. Jedes Mal, wenn der Offizier Appelstiel seine Ladelisten durchgeht, fehlt eine Firma, die bisher immer dabei war, und an ihre Stelle ist eine neue getreten und mit ihr die tausend Schicksale von tausend anderen Arbeiterinnen in namenlosen Fabriken.

Jedes Mal ist auch der deutsche Kapitän nicht mehr derselbe. Sein Sohn, von dem er in einer Nacht auf der Brücke erzählt hatte, ist schon nicht mehr Bundeswehrsoldat in Afghanistan, die Kaserne wurde inzwischen geschlossen. Sörnsen ist jetzt Vater eines jungen Veterans. Was wird in fünf Jahren sein, in zehn? Auch wenn die Flaminia im Chinesischen Meer stets beidreht, berechenbar und zuverlässig: Die Zeit kennt kein Halten mehr. Da ist zum Beispiel Pin Ni, der zu einer Eroberung ansetzt – über den Rand der Weltkarte hinweg.

FÜNFTE ETAPPE

Mit einem Chinesen in die USA

von Jörg Burger

Pin Ni steuert den Wagen mit einer Hand, lehnt die Schulter an die Fahrertür. Er sieht aus, als denke er nach, ein kleiner Mann in einem Lincoln, einer Limousine, so groß wie die eines Staatspräsidenten, dunkelblau. Industriebauten fliegen vorbei, Werbetafeln, Schnellrestaurants. Der Highway 90 hat hier, im Zentrum des amerikanischen Bundesstaates Illinois, fünf Spuren. Sie sind voller Autos. Es ist ein grauer Wintermorgen in dieser Welt des Reichtums. Der Chinese Ni hat 8200 Meilen überwunden, um sich davon ein Stück zu nehmen. Gerade hat er wieder eine amerikanische Firma gekauft, sie war fast pleite. Die Leute da draußen halten sich für knallharte Kapitalisten. Irrtum. »Wir Chinesen sind besser«, sagt Ni.

Er parkt den Wagen und steigt aus. Halb acht Uhr morgens, ein Parkplatz vor einem Firmengebäude. Ni ist wie immer der Erste im Büro. In seiner weiten Lederjacke wirkt er wie ein Schuljunge. Dabei ist Ni bereits 41. Er liebt das Große. Er hat diese riesige Schachtel neben den Highway bauen lassen, samt dem Parkplatz, der sich nie füllt. Die Buchstaben am Dach sind so groß, dass sie jeder Autofahrer auf dem Highway sofort erkennt. Ni muss den Kopf in den Nacken legen, um sie zu sehen, wenn er auf die Tür zuläuft. An Masten wehen die amerikanische Flagge, die Firmenflagge, am Dach steht: »Wanxiang«.

Er sperrt die Tür auf, Hausnummer 88, eine Glückszahl für Chinesen. Im Jahr 2001 wurde die Firmenzentrale gebaut, ein paar Meilen hinter dem Flughafen von Chicago. Ni läuft am Empfang vorbei, der noch verlassen ist. Läuft vorbei an den Weltzeituhren, die ihn hetzen, China ist immer 14 Stunden voraus. Nis Büro ist groß, voller Autoteile. Mit ihnen handelt er. Auf seiner Visitenkarte steht »Pin Ni, President«. Er ist Chef von Wanxiang America. Sein Schwiegervater leitet den Mutterkonzern Wanxiang, eines der größten Privatunternehmen in China.

Ni ist am Vorabend wie immer bis um neun im Büro gewesen. Von daheim hat er nach dem Abendessen mit China telefoniert. Der Schwiegervater erwartet alle paar Tage Rapport, einmal im Monat gibt Ni die Umsatzzahlen durch. Um Mitternacht ist er ins Bett gegangen, um sieben stand er auf. So geht das die ganze Woche, auch samstags. Seine Frau beschwert sich – er sieht seine drei Kinder selten. Doch für Ni ist Arbeit Sport. Er trainiert Tag und Nacht, ein Rekordläufer, so sieht er sich, mit 41 Jahren.

Ni wirft die Lederjacke über den Stuhl, greift nach dem Telefonhörer, beginnt einen Karton auszupacken. Er tut es ernst, ohne Hektik. »Alle Angestellten müssen die Herausforderungen gemeinsam angehen, der Chef zuerst. Das nennt man Führung.« Niemand brauche Konferenzen, auf denen sich alle wichtig machen; Entscheidungen müsse am Ende ein Einzelner treffen. »Große Namen sind nichts«, sagt Ni. Deshalb tut er so, als wäre seine Firma klein und arm. Fliegt Economy-Class. Nachts, das ist billiger. Ein amerikanischer Manager lud Ni vor kurzem ein, mit ihm in der Business-Class zu fliegen, auf seine Kosten. Für Ni war das eine Beleidigung. Lieber nimmt er einen anderen Flug.

Seit elf Jahren verkauft Pin Ni in den USA Autoteile. Er trieb den Umsatz von drei Millionen Dollar auf 450 Millionen. Der größte amerikanische Zulieferer, Delphi, hat Insolvenz angemeldet, aber Ni kauft einen maroden Betrieb nach dem anderen auf. Seine Firma besitzt inzwischen zwölf Autoteilebetriebe, einen Golfplatz in Illinois, mehr als hundert Ölquellen in Texas, Immobilien in Kalifornien. Alles Geldanlagen. »Wenn wir weiter so wachsen«, sagt Ni, »dann ist Wanxiang in fünf bis zehn Jahren einer der größten Autozulieferer der USA.« Ni vermehrt nur die Dollar, die er verdient; keinen Cent erhält er aus China. Er hat einen weiten Weg zurückgelegt, von

Hangzhou nach Chicago, allein wegen der Dollar. Diese Strecke trennt ihn immer noch von den Amerikanern. Sie ist sein Vorsprung. Denn er hat eigene Vorstellungen von Kapitalismus mitgebracht.

Nis Reise nach Illinois beginnt, als er am 12. August 1992 in Shanghai in ein Flugzeug steigt. Er ist in Hangzhou aufgewachsen, einer Millionenstadt mit einem See in der Mitte, darauf Fischerboote, am Ufer Pagoden. Auf den Straßen damals nur Fahrräder. Sein Vater ist Parteimitglied. In der Planungsabteilung der Provinzregierung überwacht er die Autoindustrie. Die Mutter ist Buchhalterin. Ni hat Ingenieurtechnik studiert, im Jahr des Tiananmen-Massakers hat er seinen Abschluss gemacht. »Vorher hätte ich nie daran gedacht wegzugehen«, sagt er. Nun schlug er eine Stelle bei einer Pekinger Behörde aus und ging stattdessen zur Provinzregierung, die ihn als Trainee ins Unternehmen Wanxiang schickte. Dort traf er seine spätere Frau. Sie wird ihm in die USA folgen, doch zunächst sitzt er allein im Flugzeug, 2000 Dollar und die Adresse eines Professors in Lexington, Kentucky, in der Tasche. In den USA will Ni promovieren, für einen Chinesen ein gewaltiger Karriereschritt. Als das Flugzeug abhebt, fühlt sich Ni hilflos »wie ein kleines Kind«.

Immer mehr Chinesen nehmen diese Route. Inzwischen folgt ihnen auch das chinesische Kapital. Es bringt chinesische Firmen in die USA, Telekomriesen wie China Telecom und Huawei. Es macht amerikanische Unternehmen zu Tochtergesellschaften. Die Computersparte von IBM geht im Jahr 2005 an den chinesischen Hersteller Lenovo. Kurz darauf versucht ein Staatskonzern die kalifornische Ölfirma Unocal zu kaufen. Öl ist lebenswichtig, Amerika schreckt auf. Politiker verhindern den geplanten Deal. Für die kleinen Autozulieferer, die Pin Ni kauft, setzt sich niemand ein – auch nicht für Powers & Sons im benachbarten Bundesstaat Ohio, seit 1932 in Familienhand. Es ist Nis zwölfte Firma, er besitzt sie seit vorigem Sommer.

Der Amerikaner Doug Link arbeitet seit einem halben Jahr für den Chinesen Pin Ni. Als er bei Powers & Sons General Manager wurde, hatte er den Blick ins Grüne, die Stille, als beruhigend empfunden. Heute scheint das Bild vor dem Fenster etwas Trügerisches zu haben – die sanft gewellten Wiesen, die weißen Holzhäuschen und Scheunen, die ganze ländliche Idylle von Ohio. Link steht mitten in seinem Büro, geht zurück zum Schreibtisch. Er ist seit kurzer Zeit ein wenig zerstreut.

Link geht den Flur entlang, auf eine Eisentür zu. Hinter der Tür rumort es. Link ist Ingenieur. Seit 23 Jahren arbeitet er für den Autoteilehersteller Powers & Sons in Montpelier, Ohio, auf halbem Weg zwischen Chicago und Detroit. Früher hauste die Firma in einem engen schmutzigen Gebäude mitten in der Stadt. Ende der achtziger Jahre ließ sie weit draußen eine Halle errichten. Der Autoindustrie ging es gut. Bald reichte der Platz nicht mehr, dreimal musste die Firma anbauen. »Es ging uns verdammt gut«, sagt Link. Er trägt ein orangefarbenes Hemd zur Anzughose, sieht blass aus darin.

Doug Link hat die Arbeitskämpfe der achtziger Jahre erlebt, die zu gewaltigen Lohnsteigerungen führten. Die Zunahme des Konkurrenzdrucks in den Neunzigern. Link war Verkäufer, Qualitätsprüfer. Vor einem Jahr wurde er General Manager. Ein schlechter Zeitpunkt. Längst bauen die Japaner bessere Autos als Ford und General Motors, und die Zulieferer müssen sich mit Lieferanten aus Asien messen. Powers & Sons gehört nun den Aufsteigern aus China. Die Globalisierung, dieser Strom von Waren und Geld, hat Doug Link geschluckt.

Nach der Übernahme stieg Link in seinen Wagen, einen Dodge, und fuhr nach Illinois zu Wanxiang. Er staunte über die große Halle neben dem Highway, wurde in den Konferenzraum gebeten. Wartete, betrachtete Entwürfe, die dort ausliegen. Wanxiang will ein Ingenieurzentrum bauen und einen Ausstellungsraum für die eigenen Produkte; die Entwürfe sahen nach Raumschiff aus, nicht nach Fabrik und Lärm und Ölgeruch, nach all dem, was Link aus Ohio kennt. Dann betrat ein kleiner Chinese den Raum, der ein zu großes Jackett trug. Er sah sehr, sehr jung aus. »Lassen Sie mich ganz direkt sein«, sagte Pin Ni, so leitet er gern Gespräche ein. »Ich werde mich nicht um Kleinigkeiten kümmern, ich gucke nur auf die Zahlen. Die müssen stimmen.« »Der Mann ist fair«, sagt Link. Es klingt, als mache er sich selbst Mut.

Ni steht von seinem Schreibtisch auf, geht in schnellen Schritten aus dem Raum. Läuft an fensterlosen dunklen Büros vorbei, dann an Schreibtischen, die nur durch niedrige Stellwände getrennt sind. Dahinter liegt eine menschenleere Halle, das Lager von Wanxiang. Dort kommen die Ergebnisse der Globalisierung an. Sie sind sauber verpackt. Holzkisten bergen die Autoteile. Die brusthohen Kisten sind in langen Reihen aufeinandergestapelt. Die Außenkanten stehen millimetergenau in Flucht. Der Boden ist sauber, wie frisch gewischt. »Hier können Sie vom Fußboden essen«, sagt Ni. Nur zwei Arbeiter halten das riesige Lager in Gang. Es ist ein Schleusenbecken, das sich mit einem endlosen Strom von Autoteilen füllt, Bremsbeläge, Kugellager, Kreuzgelenke, angeschwemmt aus China mit zunehmendem Tempo, 1,3 Millionen Teile pro Woche.

In dieser Halle kann Ni demonstrieren, was er unter Kapitalismus versteht. Für jede Lieferung, die pünktlich zum Kunden kommt, zahlt er Geld in eine Kasse – am Ende des Jahres teilen es sich die Arbeiter. Geht etwas schief, wird Geld entnommen. Die Strafe beträgt das 15-Fache. Noch nie ist etwas schiefgegangen. »Be your own boss« nennt Ni das Prinzip – sei dein eigener Boss, zumindest dem Gefühl nach.

All das hat Ni in China gelernt, von Lu Guangqiu, dem Schwiegervater. Lu hat seine Firma in den sechziger Jahren aus einer Fahrradwerkstatt aufgebaut, beschäftigt heute 30 000 Leute. Er hat Wanxiang nach seinem wichtigsten Produkt benannt, dem Kreuzgelenk oder *universal joint*; es bedeutet »universal«. Nur nach außen ist Lu Kommunist, Delegierter der Volkskammer. Bei Wanxiang belohnt er Leistung, Misserfolge bestraft er. »Beteilige die Angestellten an deinem Erfolg«, das ist seine Philosophie. »Du kriegst alles zurück.« Bevor Ni nach Amerika reist, arbeitet er drei Jahre lang bei Wanxiang. Bewundert die Arbeitswut des Chefs. »Wer führen will«, begreift er, »muss Vorbild sein.« Lu Guangqiu arbeitet immerzu, auch

© Axel Koester

Welcome – ich glaube, die frisch gekauften Amerikaner waren einfach unsicher. Schickten diese Chinesen einen Journalisten vorbei und sagten: Erzählt dem ruhig alles!

sonntags. Selbst am chinesischen Neujahr, dem wichtigsten Feiertag, geht er nur zum Mittagessen heim.

Mit diesem Vorbild im Kopf reist Ni 1992 in die USA. Ein Freund holt Ni vom Flughafen ab; ein ehemaliger Lehrer von der Uni in Hangzhou. Mit ihm fährt er nach Lexington, Kentucky, zieht bei einem chinesischen Studenten ein. Monatelang schläft er auf der Couch. Die Leute sind freundlich, offen, so kommt es ihm vor; niemand fährt Fahrrad. Dann bewirbt sich Ni um einen Job. Die Uni sucht jemanden, der die Münzfächer der Getränkeautomaten auf dem Campus leert. »Was ist der Unterschied zwischen einem Nickel und einem Dime?«, wird Ni gefragt, das sind Fünf- und Zehn-Cent-Münzen. Ni weiß es nicht. Den Job bekommt ein anderer, und Ni muss Laborgläser spülen, um die Miete für ein Einzimmerapartment aufzutreiben.

Zwei Jahre vergehen. Dann meldet sich der Schwiegervater aus der Heimat. Ob Pin für Wanxiang ein Unternehmen in den USA aufbauen könne? Die staatlichen Handelshäuser, die die Produkte in Amerika verkaufen, seien unzuverlässig. Die Waren kämen nicht pünktlich an. Ni gibt die Doktorarbeit auf. Am Chicagoer Flughafen mietet er eine kleine Lagerhalle. Es ist verboten, Geld aus China zu schicken; also gründet er Wanxiang America mit 3000 Dollar Erspartem. Ruft Firmen an, bietet seine Autoteile an. Ablehnung schlägt ihm entgegen. Je kühler die Reaktion, desto öfter meldet er sich. Die unangenehme Aufgabe nennt er *cold calls*, kalte Telefonate. Die erste Liste der Firmen liegt bis heute in seinem Schreibtisch, wie eine Trophäe. Die meisten Firmen darauf gehören jetzt zu seinen Kunden.

Ni lernt, wie man als Unternehmer spart. Schläft in 20-Dollar-Motels auf schmutzigen Matratzen. Schreibt jedes Blatt Papier von beiden Seiten voll. Schaltet das Licht aus, wenn er sein Büro verlässt – er tut das bis heute, da er Millionen verdient und mit der Familie in einem großen Haus in Elgin, Illinois, wohnt, einer Schlafstadt mit 90 000 Einwohnern. Er hat nicht mal eine Sekretärin. Seine Frau kauft bei Wal-Mart ein, wo es billig ist, und sie kocht zu Hause. »Kapitalismus ist harte Arbeit. Am Strand liegen ist Sozialismus. Ihn kann sich keiner leisten. Die Europäer leben bis heute in einer Art Sozialismus.« Seit zwölf Jahren hat Pin Ni keinen Urlaub gemacht. Vermisst er nie Freizeit, ein Privatleben? »Was sollte ich sonst tun?«, sagt er ohne den Anflug eines Lächelns. Er ist der Schwiegersohn des Chefs.

Doug Link öffnet die Tür, hinter der es rumort, betritt die Werkhalle von Powers & Sons. In der Luft liegt warmer Dunst, Ölgeruch. Arbeiter in verschmierten Jeans heben Stahlteile aus Wannen, schieben sie in Maschinen. Ziehen sie wieder heraus, legen sie in anderen Wannen ab, beginnen von vorn. Ihre Gesichter sind stumpf, aus ihren Mundwinkeln hängen Zigaretten. Link lauscht dem Konzert metallischer Klänge, als habe er befürchtet, die riesige Fabrikhalle könnte sich aufgelöst haben in seiner Abwesenheit, als könnte sie einfach so verschwinden. Viele der 260 Arbeiter von Powers & Sons hatten Angst, als die Chinesen kamen. Dachten, sie würden die Fabrik zusperren, Geräte nach Asien schaffen. Das ist nicht geschehen.

Doug Link bedrückt allerdings eine Nachricht, die gerade im Radio kam: Ford, der zweitgrößte Autohersteller, wird 30 000 Arbeiter entlassen, ein Viertel der Belegschaft. General Motors, die Nummer eins, plant ähnlich viele Kündigungen. Es nützt nichts, dass Doug Link einen Dodge aus Detroit fährt, dass seine beiden Söhne das tun. Der Druck auf Powers & Sons wird noch größer werden, Ford ist ihr bester Kunde. Die Autofirmen zerstören die Zulieferer, zwingen sie zu immer niedrigeren Preisen; auch deshalb war Powers & Sons fast pleite. Was hat dieser Pin Ni vor? »Er ist fair«, sagt Link laut zu sich selbst.

Die Amerikaner in der US-Zentrale von Wanxiang versuchen mit den Chinesen mitzuhalten, aber sie schaffen es nicht, sind immer später dran. Arbeiten trotzdem neun bis zehn Stunden am Tag. Kommen samstags, freiwillig. Loben den Chef für seine Güte, weil er ihnen Geld gibt für nicht eingelöste Urlaubstage. Zehn Tage Urlaub stehen jedem zu, der länger als drei Jahre da ist, aber niemand wagt, sie alle in Anspruch zu nehmen, höchstens zwei oder drei. Für den Fall, die Großmutter wird krank.

In einem der Büros sitzt Brad Kimes, Ende vierzig, die Hände über dem Bauch gefaltet. Er grüßt den Chef mit einem Winken, vorsichtig. Dieser Ni ist ein Glücksfall als Boss, aber nahe kommt man ihm nicht. Vor zehn Jahren war Brad Kimes der erste Amerikaner bei Wanxiang. Die Neonlampen sind dunkel in seinem Büro, stattdessen hat er zwei Stehlampen aufgestellt. Sein Zimmer ist eine schummrige Höhle, verhängt mit Fotos, an der Wand ein Dankbrief für eine Wahlkampfspende, unterschrieben von George W. Bush.

Kimes half Ni, Kunden zu gewinnen, die die Chinesen hassten. Von denen gab es viele im Rust Belt, dem Rostgürtel an den Großen Seen; die Gegend ist konservativ. »Hey, ich bin Amerikaner«, so hat Kimes sie rumgekriegt – mit dem Lächeln eines Verkäufers, dessen Gegner der Zweifel ist. »Ihr denkt, ihr vernichtet Arbeitsplätze, wenn ihr billige Importe kauft. Aber das stimmt nicht. Eure Unternehmen werden profitabler. Also könnt ihr neue Jobs schaffen.« Einmal hat Kimes die Mutterfirma in Hangzhou besucht. Er brachte ein Video mit. Strahlend weiße Fabriken sind darauf zu sehen, moderne Maschinen. Junge Menschen in weißen Kitteln, die vor Computern sitzen. Sie arbeiten für 250 Dollar im Monat. Für die Kollegen daheim schrieb Kimes einen Bericht. »Saubere Uniformen, starke Arbeitsethik«, notierte er.

Doug Link duckt sich in den Lärm der Halle von Powers & Sons, blickt sich suchend um. Auf einige Maschinen haben Arbeiter amerikanische Flaggen gesteckt. Bevor Herr Ni kam, arbeiteten hier 15 Leute mehr. Doch die Produktion der Spurstangenköpfe schien ihm zu teuer. Er sagte, von nun an sei es Sache der Arbeiter, ihre Probleme selbst zu lösen: *Be your own boss!* Jeder müsse lernen, Verantwortung zu tragen. Also ging Link zu den Arbeitern. Sagte, sie sollten eine Lösung finden, die Kosten senken. Sie schafften es nicht. Jetzt werden die Spurstangenköpfe aus China geliefert, und Link musste 15 Arbeiter entlassen. Er hat sich angepasst.

Er winkt einem dünnen Mann in schmutzigem T-Shirt. Der Arbeiter hat hohle Wangen, ein von Falten zerfurchtes Gesicht. Fast sein halbes Leben lang hat Victor Maag hier gearbeitet, ohne Ausbildung; er ist 41 Jahre alt. Heute kontrolliert er die Arbeit anderer und vertritt die einstmals gefürchtete Auto-Gewerkschaft UAW. Pin Ni hat er niemals gesehen. »Er hilft uns«, sagt Maag. Haben die Arbeiter keine Angst? Maag blickt scheu zu Link. »Doch, ja. Ein paar fürchten, sie könnten nicht mithalten, wenn die Chinesen neue Maschinen bringen, für bessere Produkte. Aber diese Produkte sind gut für uns.« Doug Link nickt. Auch Maag hat seine Lektion gelernt.

Link geht zurück in sein Büro. Vor den Fenstern liegen die Wiesen in der Wintersonne, die Holzhäuschen und Scheunen. Nächsten Monat fährt er zum ersten Mal in die neue Firmenzentrale. Er war noch nie in Asien. Link lächelt unsicher. Er möchte auf keinen Fall den Eindruck erwecken, dass er sich fürchtet. Er hat sich ein Buch besorgt, über den Umgang mit Chinesen. Es rät: »Beklage dich nie.«

Pin Ni hockt wieder hinter seinem Schreibtisch, blättert in Akten, telefoniert pausenlos. Vor dem Schreibtisch steht ein alter Holzstuhl. Es klopft. Herein kommt ein junger Chinese, einer der Ingenieure. Er bleibt ein paar Meter vor dem Tisch stehen, Respektsabstand, deutet eine vorsichtige Verbeugung an. Steht mit geschlossenen Beinen, die Hände auf dem Rücken. Bringt sein Anliegen auf Chinesisch vor. Manchmal lacht er. Auch Ni lacht dann. Später kommt Brad Kimes. Steht etwas näher am Schreibtisch, weiß nicht, wohin mit den Händen. Von dreißig Angestellten kommen zehn aus Nis Heimatland. Samstagabend spielt er mit ihnen Fußball. Ni läuft im Mittelfeld, andere stürmen und schießen die Tore. Mittags wärmen sich die Chinesen in der kleinen Küche Reis auf, schweigsam. Es ist immer seltsam still auf den Fluren von Wanxiang. Der Kapitalismus, den der Chinese bringt, kommt ohne viele Worte aus.

Zu Hause kocht Nis Frau chinesisch. Die drei Kinder, zwei Söhne und eine Tochter, lieben Hamburger; der älteste Sohn hat Übergewicht. Pin Ni ist dünn, Amerika hat ihn noch nicht aufgesogen. Er sieht nicht einmal fern. Er nimmt auch gar nicht am Leben hier teil; fährt höchstens sonntags mal mit den Kindern nach Chicago ins Museum. Die Frage, ob er sich als Amerikaner fühle oder als Chinese, macht ihn ratlos. »Ich bin Geschäftsmann«, sagt er nur. Er kennt allein Manager, sie sind der Maßstab für sein Urteil über Amerika. Männer, die in Fünfsternehotels absteigen, obwohl ihre Firmen offiziell zahlungsunfähig sind. Das regt ihn auf. »Kein Schmerz, kein Gewinn«, daran glaubt er. Alle müssen schuften bei Wanxiang, dafür lässt er sie teilhaben am Erfolg. Und wenn jemand eine Idee hat, mit der man Geld sparen kann, darf er das Gesparte behalten. Wahrscheinlich ist das der Grund für Pin Nis Erfolg: Er schwingt die Peitsche härter als andere, aber er gibt auch ein süßeres Zuckerbrot.

Pin Ni presst die Handballen auf die müden Augen und reibt. Plötzlich sieht Ni aus wie ein Mann unter Druck. Der

Erfolg ist das Problem: Keiner der Konkurrenten sei in einer so guten Position, verfüge über so gute globale Ressourcen. Wanxiang America soll in fünf bis zehn Jahren eine der größten Firmen der Branche sein. Wenn nicht, ist Pin Ni schuld.

Schweigen

Verlässt man die Firma Wanxiang, muss man eine weite Kurve nehmen, um sich aus der Stadt herauszuwinden. Man fährt ein letztes Mal an dem menschenleeren, viel zu großen Parkplatz vorbei, dem kleinen See vor der Eingangstür, den wehenden Fahnen. Man hat keine Zeit, das Bild dieses chinesischen Vorpostens genau zu betrachten, denn der Verkehr zieht einen weiter.

Die Landschaft im Umkreis der großen Highways in den USA scheint nur aus Straßen zu bestehen und aus Firmengebäuden. Sie hat die Dynamik des digitalen Zeitalters in sich aufgesogen. Wo könnten sich Chinesen wie Pin Ni mit ihrem Arbeitseifer und ihrem Expansionsdrang besser einrichten als hier?

Erstaunlich, wie schwer es gewesen ist, Pin Ni überhaupt zu finden. Die chinesische Handelskammer in Washington schickte eine Liste mit nur einem Dutzend chinesischer Firmen in den USA. Die Pressestellen großer Unternehmen wie China Telecom oder Huawei sagten ohne Begründung ab, als sei Schweigen ein chinesisches Geschäftsprinzip. Anruf bei einer Vertriebsfirma von chinesischem Hundefutter: Am Telefon ein Mann, der gebrochen Englisch spricht. »Chef kommt gleich. Wir nur zwei Mitarbeiter.«

Die Invasion der USA durch Chinesen aus Übersee, die Taschen voller Geld – davon ist noch wenig zu merken. Statt Menschen kommen meist Waren, Handys, Spielzeug, Kühlschränke. In Lastwagen verstaut, zirkulieren sie unauffällig auf den Highways. Welche Folgen hat dieses pausenlose, millionenfache Hin und Her? Ist es denkbar, dass der Wunsch so vieler Menschen nach einem besseren Leben die Welt lebensfeindlicher macht?

SECHSTE ETAPPE

Auf den Spuren des Klimawandels nach Südamerika

von Stephan Lebert

Chuck, der 52-jährige Lebenskünstler aus Cancún, Mexiko, hat lange nachgedacht, womit man die Wucht eines Hurrikans vergleichen könnte. Dann fiel es ihm ein, er lud sein Kleinkalibergewehr und schoss auf die neuen Fenster seines Hauses. Die Kugeln prallten ab. Panzerglas, sagt Chuck, es hat gehalten, »da war ich beruhigt. Ich wusste, der Sturm kann kommen«. Der Sturm kam, und Chuck Jahl, von Beruf Geschäftsmann, behielt recht. Im vergangenen Oktober wütete Wilma, der stärkste jemals gemessene Hurrikan, zwei Tage über der mexikanischen Ferienburg Cancún. Einige Tote, Tausende zerstörte Häuser, den Gesamtschaden schätzen Versicherungen auf ein paar Milliarden Dollar. In den deutschen Abendnachrichten jedoch blieben Wilma und die Folgen nur eine kurze Sequenz. Man war noch zu sehr schockiert vom Hurrikanvorgänger Katrina, der New Orleans in einen Albtraum verwandelt hatte. Auch die Ressourcen Mitgefühl und Erschütterung haben Grenzen.

Chucks Haus liegt ein paar Kilometer von Cancún entfernt direkt am langen weißen Strand. Ein Häuschen neben dem anderen, kilometerlang, so war es einmal. Jetzt steht nur noch Chucks Haus, auch beschädigt, der Steg ins Meer hinaus ist weg, die Palmen sowieso, eine Mauer brach, modriges Salzwasser drang durch eine Tür. Aus den meisten Nachbarhäusern sind unbewohnbare Ruinen geworden. Manche sehen aus, als hätte ein ungehobelter Riese mit ihnen gespielt. Ein Haus riss Wilma in der Mitte durch, das Schlafzimmer hängt jetzt schief und nackt über dem Strand, als wäre es eine Theaterkulisse. Dieses Haus hatte der hiesige Bauminister gebaut. Es hatte nicht mal ein richtiges Fundament. Der Minister wollte sparen. Ein Fressen für Wilma.

Chuck sagt, in den letzten Jahren, aber vor allem 2005, sei sein wichtigster Begleiter die Website des Sturmwarnungszentrums in Florida gewesen. Alle zwei Stunden würden dort die Nachrichten aktualisiert, und man sehe, wo sich ein neuer Sturm aufbaut, wo genau er erwartet und wie kräftig er sein wird. »Vor dem Einschlafen schaue ich noch mal drauf, und es ist der erste Blick nach dem Aufwachen. Es geht nicht anders.«

Cancún ist die dritte Station einer Reise, die den Spuren des Klimawandels folgt und in den USA begann. In Phoenix an der amerikanischen Westküste fahren wir mit Charles Redman durch die Stadt, einem Universitätsprofessor, der mit vielen Gedanken und noch mehr Geld einen besonderen Kampf führt für das, was er ein »menschenwürdiges Weiterleben von uns Menschen« nennt. Er sagt, es seien die Wünsche, die alles entscheiden. »Wir haben uns unendlich daran gewöhnt, einen Wunsch zu haben und dann vieles daranzusetzen, dass sich dieser Wunsch möglichst rasch erfüllt. Darauf ist zum großen Teil unsere westliche Zivilisation aufgebaut. Jetzt muss allen klar werden: Wir müssen uns verabschieden von diesem Prinzip. Wenn nicht, werden es unsere Wünsche sein, die uns umbringen.« Viele dieser Wünsche haben das Klima verändert. Sechs Milliarden Menschen leben auf der Erde, immer mehr wollen Autos, Kühlschränke, Klimaanlagen, Kraftwerke. Durch die zunehmende Erderwärmung, mitverursacht durch den Milliarden Tonnen schweren Ausstoß der CO_2-Gase, werden immer extremere Wetterereignisse gezüchtet, Stürme, Überflutung, Erosionen, Dürre.

Unsere Reise begann an einem sonnigen Morgen in San Francisco, und sie führte direkt in den Stau. Auf der Bay Bridge wird man leicht zum Klaustrophobiker: gefangen auf einer Brücke, mehrspurig eingeschlossen von stattlichen US-Schlitten und Trucks. Wie war das noch in dieser Diskussionsrunde, in die man in der Nacht zuvor beim Zappen im Hotel geraten war? Zwei Manager der Autoindustrie hatten von der großen Freiheit des Autofahrens gesprochen, *the big freedom*, *the big feeling.* Sie mochten solche Begriffe, alles, was sich mit *big* kombinieren lässt. Sie fanden auch eine Bezeichnung für den Klimawandel, auf den sie der Moderator ansprach. »Oh, yes, the big if ...« *The big if,* das große Wenn. Nach dem Motto: Nichts ist bewiesen, alles nur Spekulation, Panikmache. *If.* Was nur noch zwei Buchstaben hat, kann keine Katastrophe sein.

Wir haben einen Termin im 17. Stock eines gewaltigen Hochhauses mitten im Zentrum von Sacramento, nur ein paar Straßen weg vom kalifornischen Regierungs- und Parlamentssitz, dem Capitol. Müssen noch einen Augenblick warten auf Mike Wintemute, sitzen auf einem Stuhl in einem Großraumbüro vor einem einzigen Bäumchen, eingetopft, es sieht ein bisschen räudig und krank aus. Dann kommt Mister Wintemute. Mitte dreißig. Anzug, Krawatte, sieht aus wie ein Hollywood-Schauspieler, Typ FBI-Agent.

Was er antwortet, wenn Automanager den Klimawandel *the big if* nennen? Wintemute sagt, dies sei inzwischen sehr einfach zu widerlegen. Er sagt, dass neun der zehn wärmsten Jahre in der gesamten Klimageschichte eben neun der zehn vergangenen Jahre waren. Er sagt, rund 95 Prozent der wissenschaftlichen Experten seien sich einig, die Temperatur der Erde werde in den nächsten Jahren auf jeden Fall um zwei Grad steigen, was sich rächen werde mit dem Abschmelzen der Gletscher und dem Ansteigen der Meeresspiegel. Nein, sagt er, »die Zeit der Zweifel ist vorbei«.

Wintemute erzählt von seinem Chef, »gerade vor ein paar Minuten saßen wir zusammen, und er sagte es wieder, wie sehr er einen Beitrag zu diesem weltweiten Kampf leisten möchte«. Und er zitiert die Formel, die der Boss in seinen Reden überall wiederholt: Wir haben genug geredet, wir kennen die Wissenschaft, *it's time for action.* Die Sprache passt zum Chef: Arnold Schwarzenegger, Mister Universum, Hollywood-Terminator und republikanischer Gouverneur von Kalifornien. Mike Wintemute ist einer der Pressesprecher von Schwarzenegger.

Die Action ließ Schwarzenegger in der Tat folgen mit einem Trommelfeuer umweltpolitischer Maßnahmen: Milliardenprogramm für die Erforschung und Entwicklung erneuerbarer Energien, Energiesparmaßnahmen, Konzepte für besseres Wasser und bessere Luft, Berufung eines Expertenbeirats, den Schwarzenegger auffordert, immer neue Vorschläge zu machen. Er unterschrieb eine Verordnung, dass sich bis zum Jahr 2010 der Ausstoß von Kohlendioxid um elf Prozent verringern muss. Vom Jahr 2012 an dürfen in Kalifornien nur noch Autos neu zugelassen werden, die die bisher geltenden Abgasgrenzwerte um mehr als ein Viertel unterschreiten. Sowohl die Autoindustrie als auch die Regierung in Washington haben gegen Schwarzeneggers Verordnung geklagt beziehungsweise Klage angekündigt.

Wie anstrengend ist dieser Kampf gegen Washington? Wintemute sagt: »Ich will es anders formulieren: Präsident Bush hat sich sehr für die Entwicklung des Hybridautos ausgesprochen. Das ist sehr hilfreich für unsere Politik.« Kalifornien habe eine komplizierte Wasserversorgung, sei abhängig von Regenfällen in der Sierra Nevada, Kalifornien sei mit dem Problem von Waldbränden konfrontiert, Kalifornien habe Küstenstädte, die gefährdet seien, wenn der Meeresspiegel steigt, »wir sind mehr als andere abhängig von der Umwelt, deshalb müssen wir viel tun. Es gibt kein Zurück mehr von unserer Politik.« Man wolle daraus aber auch Kapital schlagen. »Arnold Schwarzenegger«, sagt der Sprecher, »hat die ganze Welt hier zu Besuch, im Moment vor allem aus China. Sie wollen von uns lernen.«

Zu den eher netteren Besonderheiten der Globalisierung gehört, dass die Umweltjungs von Schwarzenegger auf den Klimakonferenzen dieser Welt jetzt regelmäßig den eher klassischen Umweltschützern aus anderen Ländern begegnen. Im Prinzip ist da Amerika eher ein Feindbild, und auch Typen wie Terminator Arnold sind nicht gerade deren Identifikationsfiguren. Mike Wintemute muss schmunzeln, »ja, es könnte sein, dass gewisse Feindbilder erst mal abgebaut werden müssen. Aber spätestens wenn wir erzählen, was wir in Kalifornien tun, ist die Stimmung eigentlich immer ganz gut.«

Mit der Morgenmaschine nach Phoenix. Es scheint wie fast immer auf dieser Reise die Sonne, als wolle sie die These der Klimaerwärmung auf besondere Weise unterstützen. Blättern in dem Buch *Wir Wettermacher* von Tim Flannery, einem australischen Naturforscher und Zoologen. Er beschreibt, wie lange er sich vor dem Thema Klimawandel gedrückt habe, zu diffus, zu widersprüchlich schienen ihm die Nachrichten aus der Wissenschaft zu sein. Doch das änderte sich in den letzten zwei, drei Jahren, die Experten wurden sicherer, die Katastrophenmeldungen häuften sich, dazu kamen seine eigenen Beobachtungen, etwa vom Aussterben verschiedener Tierarten und dem Abschmelzen der Gletscher. Er fing an zu recherchieren – und aus *Wir Wettermacher*, gerade im S. Fischer Verlag erschienen, wurde eine Brandschrift. Flannery schreibt: »Eines der größten Hindernisse bei der Mobilisierung gegen den Klimawandel besteht darin, dass er zu einem Klischee geworden ist, noch ehe man ihn richtig verstanden hat. Was jetzt nötig ist, sind gute Informationen und gründliches Nachdenken, denn in den kommenden Jahren wird dieses Thema alle anderen in den Schatten stellen. Es wird zum einzigen Thema werden.« Merkwürdig, dieses Buch im Flugzeug zu lesen. Man guckt aus dem Fenster in die Wolken. Flannery schreibt, was die Erde und ihre Menschen für ein unfassbares Glück hatten, dass ein bestimmtes Gasgemisch in der Atmosphäre für diese wunderbaren Lebensumstände sorgt. Und was die Menschen alles von unten nach oben blasen, um dieses Luftgemisch aufs gefährlichste zu verändern.

Phoenix, die fünftgrößte Stadt der USA mit fast drei Millionen Einwohnern, besteht aus ein paar Wolkenkratzern und sonst nicht viel. Ein Starbucks, ein Kino mit dreißig Sälen und eine Kneipe, in der die weiblichen Bedienungen knappste Cheerleaderinnen-Kostümchen tragen müssen. Die Stadt ist mitten in der Wüste Arizonas, deshalb ist alles flach hier, deshalb ist es sehr heiß, im Sommer oft weit über vierzig Grad. Eine Zeitung schrieb: »Phoenix ist wie Las Vegas, aber ohne Vegas.« Man könnte behaupten: Was soll man anderes tun als arbeiten? Wie auch immer, Phoenix boomt, Industrie ohne Ende, kaum Arbeitslosigkeit, fast keine Kriminalität. Wegen der relativ günstigen Immobilienpreise können sich die meisten ein eigenes Haus leisten. Jedes Jahr werden rund 300 000 neue Einwohner gezählt, immer neue Stadtviertel wachsen in die Wüste hinaus. Geld ist hier so etwas wie eine natürliche Ressource. Als Charles Redman seinen Lehrstuhl samt angeschlossenem Institut Adaptive Solutions for an Urbanizing World eröffnete, überreichte ihm Karin Wrigley, aus der Familie der Kaugummidynastie, einen ersten Scheck in Höhe von mehreren Millionen Dollar.

Charles Redman kommt mit dem Wagen zum Hotel, er schlägt eine kleine, private Stadtrundfahrt vor. Er sagt, er sei im Grunde ein Mann der Vergangenheit. Archäologie ist sein Fachgebiet, er lebte lange in Marokko, machte Ausgrabungen im Irak. »Ein schönes, interessantes Leben ist das als Archäologe. Aber eines ist diese Arbeit nicht: wichtig.« Er erzählt, wie auf den Kongressen seines Fachs neue Fragen gestellt wurden: Welche Rolle die Ökologie bei dem Untergang vieler Völker gespielt habe, zum Beispiel bei den Maya und den Wikingern –

und was man aus deren Schicksal lernen könne. »Und ich hörte Klimaforschern zu, die mir den Ernst der Lage klarmachten: Wie sehr wir Menschen auf der Kippe stehen.« Man kann sagen, er wechselte aus der Vergangenheit in die Zukunft.

In Phoenix wird es von Jahr zu Jahr immer noch heißer. Nicht am Tag, sondern in der Nacht, sagt Redman, »tagsüber war und ist es in der Wüste immer heiß, aber nachts kühlt es immer weniger ab, Sommernächte über dreißig Grad sind die Regel«. Die Leute von seinem Institut versuchen nun in Phoenix gegenzusteuern, indem sie zum Beispiel mit anderen Materialien bauen, die kühlend wirken. Häuser, Straßenbeläge, Einkaufszentren, alles, »es gibt einen Vorschlag, sämtliche Straßen in dieser Stadt neu zu belegen, das kostet natürlich viel Geld, aber vermutlich werden wir es tun«. Er redet von Energiesparmodellen, von erneuerbaren Energien, von modernsten Wassernutzungsverfahren, all das tun sie, in Zusammenarbeit mit Universität, Stadtverwaltung und einigen reichen Bürgern. Redman veranstaltet regelmäßig Abendessen für interessierte Gäste, wie es heißt. Unlängst war sogar der Boss der Handelskette Wal-Mart dabei. Redman schildert die Lage der Welt; die Leute sollen spenden, und viele machen das. Durch Katrina habe sich vieles geändert, sagt er, »durch den Hurrikan hat der eher diffuse Begriff des Klimawandels ein Gesicht bekommen. Amerika beginnt zu verstehen«. Sein Leben nennt er »Leben mit dem Klimawandel«.

Sein Handy läutet. Seine Tochter ist kurz dran, sie studiert in New Orleans Geschichte, ausgerechnet in New Orleans. Sie war nicht in der Stadt, als Katrina kam. Redman wird sie in den nächsten Tagen dort besuchen. Er sagt, er werde oft gefragt, warum er immer so optimistisch wirke, »da antworte ich: Das hat einen einfachen Grund: Wir haben keine andere Wahl. Denn die Erde wird sich in den nächsten Jahren erwärmen, egal, was wir jetzt tun. Wir werden uns auf die Folgen einstellen müssen, und zwar schnell. In New Orleans sind viele Menschen gestorben, das darf nie wieder passieren. Wir brauchen eine völlig neue Kultur des Katastrophenschutzes. Optimismus heißt: überleben wollen«.

Später sitzt der kleine Mister Redman mit dem großen Temperament in seinem Institut. An der Wand hängt eine Weltkarte. »Nur wenn ich da draufschaue, bekomme ich Angst. Schauen Sie, Afrika, längst haben die großen Dürren, Folgen des Klimawandels, für schreckliche Kriege gesorgt, Ruanda, Kongo … oder Bangladesch, irgendwann wird dort die große Flut kommen.« Er zeigt auf immer neue Länder. Alles Sorgen-

© Giovanni Melillo

Chuck und Norma: Eine schöne Liebesgeschichte seit dreißig Jahren. Sie stehen vor ihrem kaputten Steg. Sie werden noch bleiben, vorerst wenigstens. Und wenn sie eines Tages gehen müssen: Ihre Liebe wird halten.

gebiete. Er fragt den Reporter, wohin er jetzt als Nächstes reise. »Oh Gott«, kommentiert Redman, »Cancún. Eine der gefährdetsten Städte überhaupt. Ich kenne keinen Klimaforscher, der auf die Zukunft von Cancún mehr als einen Cent setzen würde.«

Ankunft Cancún. Das Wetter noch ein bisschen besser als in Phoenix, 28 Grad. Es hat mit diesen Temperaturen zu tun, der ewigen Sonne, ideal für Reiseprospekte, dass die mexikanische Küstenstadt Cancún Mitte der achtziger Jahre rund 70 000 Einwohner hatte, heute aber mehr als 500 000. Grund für die enorme Entwicklung ist eine Entscheidung der mexikanischen Regierung vor rund zwanzig Jahren, in dieser Gegend auf Tourismus zu setzen. Die Idee hat Norma und Chuck Jahl Glück gebracht. Die beiden waren die Allerersten, die an diesem Küstenabschnitt ein Grundstück kauften und ein Haus darauf bauten. Als sie anfingen, gab es keinen Strom, nur Urwald und Wildnis, auf der einzigen Schotterstraße mussten sie oft anhalten, weil Krokodile im Weg lagen. Hier haben sie geheiratet, am Strand, »ich im Bikini«, wie Norma heute erzählt, zwanzig Jahre später. Hier haben sie gelebt, direkt am Meer, mit Palmen, Sonne. Chuck ging fischen, das macht er bis heute ein paarmal die Woche: Raus mit dem Boot. Er hat oft Hummer gefangen, einmal hatte er sogar einen vier Meter langen Hai an der Angel, »ein paar Stunden habe ich mit ihm gekämpft, dann war er weg«. Von seinen allergrößten Fängen gibt es Fotos, eingeklebt in Fotoalben. Und gutes Geld haben sie hier verdient, sie kauften und verkauften Grundstücke, sie verdienten ihr Geld mit neuen Nachbarn, einer nach dem anderen zog ein. Sie richteten es sich in den Häusern ein, die jetzt Ruinen sind, Wilmas Visitenkarte.

Sheraton, Hilton, Hyatt, alle sind an die Küste von Cancún gekommen, alle haben ihre Bettenbunker hochgezogen. Fast alle wurden ramponiert. Herausgerissene Fenster, gebrochene Mauern, Wasserschäden. Die meisten Hotels sind noch ganz oder teilweise geschlossen. Den berühmten weißen Sandstrand, das Markenzeichen vom Urlaubsort Cancún, hat das Meer geholt. Das lässt sich die Ferienindustrie nicht gefallen, das soll korrigiert werden. Riesige, nackte Röhren liegen am Ufer, sie werden den Sand aus dem Meer zurückpumpen an den Strand. Der leuchtend weiße Glücksstreifen: Ohne dieses Panorama könnten all die Touristen ausbleiben, das ist die Angst von Cancún. Allein die Aktion mit den Sandpumpen wird Millionen kosten. Vergebliche Mühe? Alle Prognosen sprechen von neuen, vielleicht noch stärkeren Stürmen. Vielleicht wird ganz Cancún, die Stadt auf Meeresspiegelhöhe, überspült. Deshalb aufgeben? Ausgerechnet hier sollen sich die Menschen vom Traum verabschieden, direkt am Meer zu leben?

Chuck sagt, das Gute an Hurrikans sei, sie kämen nicht überraschend, man wisse es spätestens zwei, drei Tage vorher. Die Katastrophe falle nicht einfach vom Himmel so wie damals, als sie sich noch kaum kannten. Vor beinahe dreißig Jahren begegneten sie sich, Norma, die hübsche Mexikanerin, und Chuck, der eigentlich Harald heißt und Münchner ist. Sie beide waren nach dem Abitur jeweils auf Weltreise gegangen und waren sich zufällig in einem Café in Thailand begegnet. Sie saß mit einer Freundin an einem Tisch, er kam herein und fragte, ob da noch was frei sei, »klar setzte ich mich dahin, die beiden waren sehr attraktiv«. Es begann kurz darauf eine kleine Romanze zwischen Norma und ihm, aber nach drei Wochen zogen beide auf ihren geplanten Routen weiter. Doch sie trafen eine Verabredung: In sechs Monaten wollten sie sich wiedersehen, in einem Café in San Francisco. Norma war da zum geplanten Date. Doch Chuck nicht. Na ja, dachte sie. Was sie nicht wusste: Chuck war auch in San Francisco, wollte unbedingt kommen, doch ein paar Tage vorher hatte er einen schweren Autounfall, ein Teenager ohne Führerschein war ihm frontal reingefahren. Schwerstverletzt kam Chuck in die Klinik, sechs Monate musste er bleiben. Ein Bein wurde ihm abgenommen, das andere war schwer lädiert. Durch einen Zufall erfuhr Norma Wochen später doch von dem Unfall. Sie schrieb ihm in die Klinik, es begann ein Briefwechsel. Sie telefonierten. Als er irgendwie konnte, flog er mit Rollstuhl und Krücken nach Mexiko. Das Wiedersehen. Von da an wurden und blieben sie ein Paar. Schicksalsgestählt. Sie werden zurechtkommen, mit Veränderungen jeglicher Art.

Das letzte Bild: Der leicht hinkende Chuck und Norma im weißen Sommerkleid vor ihrem Haus. Die Sonne scheint, das Meer glitzert. Sie dirigieren ein paar Bauarbeiter vor der gebrochenen Mauer. Stahlträger müssen rein, sagt Chuck, »die Mauer hält das nächste Mal«.

Anflug auf Manaus, großartiger Blick, überall blauschwarze Flüsse, die wie Adern im Blutkreislauf aussehen, und ein gewaltiger Strom, ockerfarben, das ist der Amazonas. Bis vor wenigen Wochen herrschte die größte Dürre, die es jemals in diesem Gebiet gegeben hat. Die meisten Flussarme waren ausgetrocknet, Tausende Fische lagen tot im Flussbett neben aufgelaufenen Booten. Luftbrücken wurden eingerichtet, um die Bewohner in den Dörfern mit Nahrung zu versorgen, denn die Flüsse sind hier die einzigen Verbindungswege, rund 30 000 Menschen waren von der Außenwelt abgetrennt. Selbst der Amazonas hatte an manchen Stellen einen solch geringen Wasserstand, dass die großen Schiffe nicht mehr fahren durften. Inzwischen hat es viel geregnet, viel zu viel. Jetzt drohen Überschwemmungen. Manche fürchten, diese extremen Wetterlagen seien die ersten Vorboten eines Zusammenbruchs des Ökosystems Amazonas, mit den dramatischen Folgen für das

Weltklima. Die Amazonaswälder sind ein gigantischer Speicher von Kohlendioxid, ihr Tod würde bedeuten, dass das Kohlendioxid zurück in die Atmosphäre gespuckt würde, was zusätzlich die Erderwärmung erheblich beschleunigen würde.

Der Amazonas ist der Fluss aller Flüsse, mehr als sechstausend Kilometer lang zieht er sich durch Südamerika, oft mehrere Kilometer breit, der wasserreichste Fluss der Erde. Es gibt in Manaus einen Hafen, Ort des öffentlichen Nahverkehrs: ein zweistöckiges Boot neben dem anderen, man löst ein Ticket, drei Tage dauert die Fahrt in die Urwaldstadt Santarem, fünf Tage nach Venezuela. Oben sind ein paar Kabinen, unten liegen die Fahrgäste in Hängematten, einer neben dem anderen. Aus Lautsprechern tönt Sambamusik. Thomas Schweiger, ein früherer Umweltlobbyist in Brüssel, erzählt vom Spaß solcher Fahrten, »das sind Partys, tagelang, ohne Pausen«. Das Amazonasgebiet: der Wald aller Wälder, die grüne Hölle. Nirgendwo anders sind mehr Pflanzen und Tiere, Krokodile, Schlangen, Seekühe, alles. Schweiger hat seit drei Jahren ein eigenes Boot in Manaus. Unlängst ist er beim Schwimmen von einem Piranha gebissen worden. Er erzählt vom Schreien der kleinen Brüllaffen, die nachts draußen im Urwald alle anderen Geräusche übertönen.

Aber die grüne Hölle verliert ihre Farbe, alarmierend schnell. In den letzten Jahrzehnten wurde eine Waldfläche vom Ausmaß ganz Frankreichs abgeholzt. Geschäftemacher wollten manchmal das Holz, aber vor allem brauchten sie Platz für ihre Rinderherden. Die Provinz Mato Grosso beispielsweise ist nahezu kahl gerodet, eine Landschaft voller Steppe. Eigentlich ist der Verkauf von Wald in Brasilien verboten, doch korrupte Gouverneure wollen das Geld. Als Rechtfertigung wird oft gesagt, es gebe Verträge aus früheren Zeiten, alles sei legal. Man datiert die Papiere viele Jahre zurück und dokumentiert das auch äußerlich: Die Verträge kommen in eine Holzschachtel zusammen mit ein paar Grillen, und diese zirpenden Tierchen sorgen schon nach ein paar Tagen dafür, dass die Seiten gelblich werden, gewellt, alt wirken. Man nennt es das »Grillen« von Verträgen.

Jetzt ist es Soja. Sojafrüchte sehen aus wie gelbe, kleine Haselnüsse. Soja ist ein globaler Wachstumsmarkt, die Welt benutzt Soja als Beistoff für alle möglichen Nahrungsmittel, aber vor allem als Kraftfutter für Tiere. Die Welt braucht wieder Platz zum Sojaanbau, für Felder, riesige gelbe Felder. Alle werden fündig in Brasilien. Allein im Jahr 2004 wurde ein Gebiet von 26 000 Quadratkilometern weggebrannt, Feuer arbeitet schneller als Kreissägen. Die Täter sind Europäer, besonders Niederländer. Aber im Augenblick sind es in erster Linie Chinesen. Ihr Aufschwung macht sie hungrig, ihre Tiere pumpen sie voll mit Kraftfutter, damit sie schneller wachsen und schnell dick werden. Die Perversion der Globalisierung: Die Chinesen hätten ja selbst genug Land, aber sie suchen sich ein ärmeres, korrupteres Land. Nirgendwo geht es billiger als in Brasilien, und außerdem: Sojafelder sind nach ein paar Jahren ausgelaugt, tot. Die Ruinen hinterlässt man lieber anderswo.

Das Greenpeace-Büro liegt mitten im Zentrum von Manaus. Es ist eine kleine Festung, dicke Betonmauer, Eisentor, Sprechanlage, Wachpersonal. Umweltaktivisten leben gefährlich in Brasilien. Das schmutzige Geschäft mit den Wäldern beruht darauf, dass es im Verborgenen bleibt, in der Zone der Anarchie. Keiner weiß so richtig etwas, schon gar nicht die Behörden, keiner redet. Mindestens ein paar hundert Menschen, die lautstark auf dieses Unrecht aufmerksam machten, wurden in den letzten paar Jahren umgebracht. Der spektakulärste Fall war die Ermordung der 70-jährigen amerikanischen Nonne Dorothy Stang, die trotz aller Warnungen den Irrsinn der gelegten Waldbrände anprangerte. Vor wenigen Tagen erinnerten Weggefährten in einer großen Feier an ihren ersten Todestag. Eine Totenfeier im Amazonas. Manchmal passen Symbole.

Carlos Rittl von Greenpeace legt eine DVD in den Rekorder. Sie haben einen Film gedreht über die aktuelle Zerstörung der Wälder in der Nähe von Santarem, dem Zentrum der neuen Sojageschäfte. Viele Bilder, vom Flugzeug aufgenommen: brennende Wälder, kilometerlang ist die Szenerie eingehüllt in dicke Rauchwolken. Bauern erzählen, wie sie gewaltsam vertrieben werden von gewalttätigen Söldnern, Häuser werden über Nacht angezündet. Einer sagt, man habe ihm 5000 Dollar bezahlt für Grund und Besitz, damit er verschwindet. Heute lebt er in Manaus in einer kleinen Hütte, das Geld ist längst weg. Ein anderer Bauer, noch nicht vertrieben, sagt: »Wir leben mit dem Terror, jeden Tag passieren Anschläge.« Felder, Fabriken, ein illegaler Hafen, der den Abtransport von Soja beschleunigt. Eine einzige Demonstration der kalten, brutalen Macht gegen die Ohnmacht. Rittl sagt, Greenpeace werde in den nächsten Monaten mit verschiedenen Aktionen versuchen, auf die Geschehnisse um Santarem aufmerksam zu machen. Es ist ein Verbrechen, das hier geschieht. Und es ist sogar noch etwas mehr: ein globales Verbrechen im wirklichen Sinn.

Muss man als Klimaforscher depressiv werden? Nein, sagt Philip Fearnside, »Depressionen nützen niemandem, it's so easy to give up«. Er ist Engländer, die Ökologie des Amazonas ist seit dreißig Jahren sein Spezialgebiet. Er sitzt in seinem winzigen Büro in Manaus. Wie gesagt, eigentlich möchte er keine schlechte Laune machen, aber irgendwann tut er es doch. Er sagt, es gebe seit einigen Jahren sieben Klimamodelle, die prophezeiten, wie es mit dem Weltklima weitergehe. Bislang habe ein einziges Modell den ökologischen Zusammenbruch des

Amazonasgebiets angekündigt. Fearnside lacht, »geht ja, eines von sieben«. Doch in den letzten Monaten, aufgrund neuer Studien und verbesserter Computermodelle, hätten sich vier Modelle korrigiert, sie sähen jetzt auch schwarz für den Amazonas, »fünf von sieben. Klingt nicht mehr so gut, oder?«

Arnaldo Carneiro treffen wir auf der Kantinenterrasse seines Instituts, das in einem Park liegt. Auf dem Weg hindurch hat uns einige Meter ein Tier begleitet, etwa so groß wie ein Pudel, aber aussehend wie eine pelzige Ratte. Auch Carneiro ist Klimaforscher. Ein attraktiver, grauhaariger Mann. Es ist heiß, drückend. Und es regnet, auch warm. Auf dem Tisch krabbeln zwei beachtliche wurmähnliche Lebewesen. Carneiro zeigt auf seinem Laptop verschiedene Grafiken: den Grad der Abholzungen, wie viel bereits zerstört ist. Es ist wie ein Röntgenbild einer Lunge, die von unzählbar vielen Tumoren befallen ist. So sehen die Bilder aus. Ein schwer kranker Patient ist dieses Land, die Weltgemeinschaft müsste voller Sorge ihre besten Ärzte schicken, aber es reisen nur immer neue Giftmischer her.

Dann plötzlich hält Carneiro eine Gegenrede. Wie leicht sich dieses Gebiet erholen könnte, was für Selbstheilungskräfte dieses Ökosystem habe. Wenn zum Beispiel mehr Naturschutzgebiete ausgewiesen würden. Wenn die brasilianische Regierung die Bodenpreise in den Waldgebieten dramatisch erhöhen würde, so dass sich ein Kahlschlag nicht mehr lohnte. Wenn. Wenn. Da ist es wieder. The big if.

Rettung

Der Engländer war es, der verzweifelte englische Klimaforscher, der in Gedanken schon eine Brücke schlug nach Afrika. Er saß auf dieser glühend heißen Terrasse im brasilianischen Regenwald, er musste immer wieder seine Hände abtrocknen, damit der Schweiß nicht in seinen Laptop lief, auf dessen Schirm er ein Klimamodell nach dem anderen aufrief. »Sehen Sie es?«, und seine Frage klang wie ein Befehl. Die große Lunge Regenwald höre auf zu atmen – das werde in Afrika zu einer Versteppung führen, einem Zusammenbruch der Landwirtschaft, zu noch mehr Hungersnöten. Wie alles zusammengehört, nirgends werde das so deutlich wie beim Weltklima.

Der Engländer erkundigte sich nach dem weiteren Verlauf der ZEIT-Reise und erwiderte: »Ach, Religion, interessant.« Was bleibe denn den Menschen übrig, als zu versuchen die Wirklichkeit zu vergessen? Es gehe ja nicht nur ums Klima, »schauen Sie sich die Wirtschaft an – die wenigen reichen Länder und die wenigen reichen Menschen auf der einen Seite, und die vielen armen Länder und die vielen armen Menschen auf der anderen Seite«. Er schien sein Thema gefunden zu haben, plötzlich ging es auch um Politik. »Ich habe so viele Hoffnungsträger gesehen, gerade hier in Brasilien, gerade in den armen Ländern. Und alle haben sie irgendwann enttäuscht.« Ja, sagte er, er könne das Volk gut verstehen, wenn es sich zu retten versuche und sich in den Kirchen versammele. Der Klimaforscher lachte ein zynisches Lachen. »Schade eigentlich, dass ich gar nicht glauben kann. Ich habe keinen Gott.«

Die armen Leute in Brasilien, sagte er noch, hätten ein besonderes Gespür dafür, wie sehr das Klima schon außer Kontrolle geraten sei. Die meisten Menschen sähen es als Strafe. Die Götter hätten sich vom Menschen abgewandt.

SIEBTE ETAPPE

Mit Missionaren nach Afrika

von Christiane Grefe

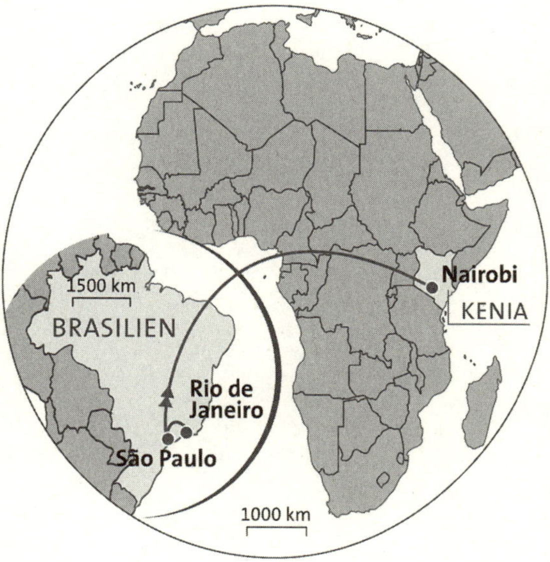

Im Schatten der Autotrasse liegen Obdachlose auf Pappfetzen. Die Männer haben eine Unterlage für die Nacht gesucht. Sie haben aufgelesen, was die Reichen übrig hatten. Von hier oben sieht man die da unten nur schemenhaft. Auf hohen Betonpfeilern läuft die Autobahn über die Armutsviertel im Tal hinweg. Die Luft ist warm in Rio de Janeiro, 34 Grad. Außer der Hitze erinnert nichts an die tropischen Paradiese aus deutschen Ferienprospekten, nicht hier, in der Zona Norte, wo Industriegebäude, Einkaufszentren, Gasometer sich aneinander reihen. Besser die Autotür von innen verschließen, hat der Taxifahrer gesagt, wenn die Favela Cidade de Deus auftaucht. Der Film *City of God* hat die Gewalt und das Elend in diesem Ghetto auf der ganzen Welt bekannt gemacht. Hier, an der Avenida Suburbana in Del Castilho, versammelt die Igreja Universal do Reino de Dios ihre Anhänger im Templo Maior. Eigenartig, ein Tempel der Gläubigen in einem aschgrauen Vorort.

Bibelsprüche, wie Werbung auf Hauswände gemalt. Eine riesige Parkgarage, durchbuchstabierte Aufgänge. Von außen gleicht das Gebäude der Universalkirche des Königreichs Gottes (IURD) den Shopping-Malls, in denen die Menschen aus der Mittelschicht Flachbildschirme und Pizza kaufen. Den lichten Innenraum des Tempels aber kleiden Marmor und eine pastellfarbene Empore. So könnte auch ein Konzertsaal aussehen. An jedem Sonntagmorgen sind die 14 000 Plätze gefüllt.

Das hier ist das Zentrum für alle Universalkirchen, von denen es weltweit angeblich 8000 gibt. Eine evangelikale Antwort auf den Petersdom – und ein Schauplatz der neuen, weltweiten Schlacht um die Seelen.

Brasilianer und Katholik zu sein, das war seit den portugiesischen Kolonialherren immer eins. Doch seit Mitte der neunziger Jahre haben sich Pfingstkirchen und charismatische Gemeinden wie die Universalkirche schnell verbreitet, zwischen Amazonas und Rio Grande, aber auch weit darüber hinaus in allen Ländern Südamerikas. Rund 700 Millionen »Erlöste« sind es inzwischen weltweit. Eine gewaltige moralische Aufrüstung für fast ein Drittel der Christenheit, von Argentinien bis zu den Philippinen. Eine globalisierte Erweckungsbewegung. Auch von Brasilien aus – hier lebt mit rund 18 Millionen Evangelikalen die größte Gemeinde nach den USA – schwärmen Priester in alle Himmelsrichtungen aus; besonders oft nach Afrika. Ein weltweiter Markt für Spiritualität tut sich auf.

Die Pfingstler glauben an die Wiedergeburt nach der Taufe im Heiligen Geist und an die Erneuerung einer unverfälschten christlichen Urgemeinde. *No sympathy for the devil*: Nicht selten fundamentalistisch, teilen sie die Welt in Gut und Böse und zwängen sich in ein enges Moralkorsett.

Disziplin lohnt sich, denn der Gott der Pfingstler ist berechenbar, er bestraft niemanden. Wer den Teufel meidet, hat Anspruch auf Belohnung: Wunder, Heilung und *prosperidade.* Wohlstand – und zwar hier und jetzt, nicht erst im Jenseits. Die Menschen in den Zeitschriften der Universalkirche von Brasilien leben wie die Darsteller in Fernsehspots und Telenovelas. In ihrer Theologie passt das Kamel durch ein Nadelöhr: Reiche gelangen in den Himmel. So predigen sie die zentrale Verheißung einer Globalisierung, die von Waren handelt, von allem, was man kaufen kann. Wenn man das Geld dazu hat.

Geraldo kommt jeden Tag in den Templo Maior, den Tempel der Wohlstandspropheten. Er ist in der Favela groß geworden. Trotz seines blütenweißen Hemds kann man sich den 30-jährigen Afrobrasilianer mit den kurz rasierten Haaren noch gut als jenen Macho vorstellen, der er früher war. »Ich war voll auf Drogen«, sagt Geraldo, »habe auch gehandelt mit dem Zeug. Dann hat meine Mutter mich überredet, hierherzukommen.« Machen die früheren Freunde dem frommen Abtrünnigen keinen Druck? Geraldo lacht bitter und antwortet: »Viele von denen sind längst tot. Erschossen oder kaputtgespritzt.« Sergio war depressiv. Da hörte er den Slogan: »Hör auf zu leiden!«

Maria und Joao sind zwei Stunden lang mit dem Bus hergefahren, aus ihrem winzigen Häuschen am anderen Ende der Großstadt. Müde sieht die dunkelblonde Schneiderin aus. Sie hat keine Arbeit, ihre Tochter ist samt Kind von einem Mann sitzen gelassen worden. Aber jetzt hat sie sich schön gemacht, mit einer Bluse voller Blüten. Joao, ihr Mann, trägt einen weißen Anzug. Früher hat er sich nächtelang betrunken. Heute sagt er: »Ich glaubte an ein falsches Glück.«

In wenigen Minuten beginnt der Gottesdienst, die Bänke füllen sich. Auch Sergio, der Psychologe, ist wieder da. Als er das erste Mal in den Tempel der Gläubigen kam, ging es ihm schlecht. Er war fremd in der Stadt und depressiv, er fürchtete, dem Leistungsdruck der Universität von Rio de Janeiro nicht standhalten zu können. »Ich dachte, dass ich jeden Moment auf der Straße stehe.« Da hörte er von dem Slogan der Gläubigen: »Pare de sufrir!« – »Hör auf zu leiden!«

Schon vor dem Beginn des Gottesdienstes stimmt man die Frommen mit süßlicher Hintergrundmusik ein. Um Punkt zehn Uhr beginnt der »Bischof« Gerson Cardoso mit wirbelnden Armen und Kaskaden des Gotteslobs auf der Altarbühne hin und her zu laufen. Mick Jagger bewegte sich ganz ähnlich, als er vor ein paar Tagen an der Copacabana auftrat.

Anders als in manchen Ländern Europas sind in dieser Kirche die 70-Jährigen nicht in der Mehrheit, besonders die Jüngeren zieht das Spektakel an. In den Pfingstkirchen gibt es keine starre Liturgie, dafür viel Gesang, Klatschen, Samba. Gefühle, spontane Regungen, spirituelle Nähe.

Ein leises Gemurmel begleitet Cardosos Gebete. Dann werden die Wünsche der 14 000 Gläubigen lauter und lauter. Jeder bringt etwas hervor, der eine mit vor der Brust gefalteten Händen, hingebungsvoll, die andere mit weit geöffneten Armen. Manche schütteln sich in Trance oder vergraben das Gesicht im Sitzpolster. Rhythmisch, fast ohrenbetäubend steigern sich schließlich die Gebete. »Sai!«, schreit die Menge. »Raus!« Und noch einmal: »Raus!« Die Gläubigen werfen ihre Arme nach hinten, als wollten sie Seelenballast abschütteln.

Weg mit der Arbeitslosigkeit, weg mit der Angst vor Armut und Gewalt in diesem von Ungleichheit geprägten Land. In Brasilien besitzt ein Prozent der Bevölkerung mehr als die Hälfte des gesamten Vermögens. Der Staat wird schwächer, auf ihn kann man sich nicht mehr verlassen. Als kürzlich bei einer Schießerei in Rios größter Favela zwölf Menschen verletzt wurden, erschien keine Polizei.

Die Universalkirche bietet Rückhalt und Welterklärung an. Im riesigen Medienladen des Tempels liegen Zeitschriften, evangelikale Bücher, Videos, CDs und rote Plüschherzen. Das Programm der Gottesdienste folgt den Alltagssorgen, viermal täglich. Montags drehen sich die Andachten um finanzielle Probleme, dienstags um die Heilung von Krankheiten. Samstags ist »Liebestherapie«. Als besonders erbauend gelten fünfwöchige »Gebetsketten« zum drängendsten Thema. Gefolgt von der Lösung – dem Deal mit Gott.

In allen Pfingstgemeinden geben die Mitglieder den »Zehnten« ab. In der Universalkirche von Brasilien aber wird über diesen Einkommensanteil hinaus hartnäckig zu weiteren offertas aufgefordert. Denn jedes finanzielle Opfer belohne der Herr, indem er es vielfach zurückgebe.

Zwar betont Bischof Cardoso, niemand werde zum Geben

gezwungen. Aber gleichzeitig schürt er die Angst der Gläubigen, seinem Anspruch nicht zu genügen. »Gebt auch ihr euer Bestes, so wie Gott mit seinem Sohn das Beste geopfert hat!«, ruft er. Für das Einsammeln der Geldscheine verteilen Helfer im Gottesdienst vorsorglich Umschläge in Form bunter Papierkreuze. Mit ihren Krawatten sehen sie aus wie Bankangestellte.

Der Ablasshandel hat der Kirche ein riesiges Reich aus Immobilien beschert. Sie besitzt Zeitungen, mächtige Radiosender und den Fernsehkanal Record, der mit Nachrichten und Nachmittagssoaps sogar dem größten brasilianischen Medienkonzern Konkurrenz macht. Im Internet stehen – manchmal vermeintliche? – Zeugenaussagen von »Wiedergeborenen«, die es von einem Loch »zwischen Ratten und Flöhen« zum eigenen Haus gebracht haben. Sie laufen auch abends im Fernsehen. Perfektes Timing, meint die brasilianische Soziologin Cecilia Mariz: »Um diese Zeit fallen die alleinerziehenden Mütter in den Armenvierteln erschöpft auf den Küchenstuhl, und alle Sorgen springen sie an.« Die Universalkirche, glauben sie, werde sie ihnen nehmen.

Marias Freund Joao erzählt, er trinke seit Monaten keinen Alkohol mehr, »die Leute sehen mir die Veränderung sofort an«. Sein Leben habe mehr Klarheit, seit er dreimal in der Woche in die Kirche gehe. Er bekomme jetzt als Maurer viel mehr Aufträge. Wenn man sich anstrenge, dann gebe es genug zu tun. Der Psychologe Sergio sagt, er fühle sich endlich ausgeglichen: »Freud und Jung waren großartige Denker. Aber Glauben geht tiefer.« Und der Dealer Geraldo hat einen festen Job gefunden. Bei den Pfingstlern ist er Pastor geworden. Die Enttäuschten aber, die noch immer arbeitslos sind, noch immer verlassen, noch immer trinken und die sich von der Universalkirche ausgenutzt fühlen, trifft man im Gottesdienst nicht mehr. Cardoso sagt, auch Jesus habe nicht an allen Menschen Wunder vollbracht!

Die Kirche macht von sich reden, auch mit Skandalen. Staatsanwälte ermitteln gegen einige Priester wegen des Verdachts auf Geldwäsche in Scheinfirmen auf den Cayman Islands. Und dann die Geschichte mit der Cessna: Im vergangenen Sommer durchsuchten Polizeibeamte ein Privatflugzeug. An Bord waren drei Geistliche – und sieben Koffer mit rund vier Millionen Euro. Die Geldboten gaben an, sie wollten Spenden vom Kirchenjubiläum zum Verwaltungssitz in São Paulo bringen; Banken würden die Annahme einer derart großen Menge von Scheinen verweigern.

Schlagzeilen gab es auch wegen Ressentiments gegen andere Religionen, die die Kirche schürte. Gegen katholische Heiligenverehrung, den Islam, den Hinduismus und in Brasilien vor

© Ricardo Teles (Focus)

Die Geschichte der Pfingstler begann vor hundert Jahren in Los Angeles, als der schwarze Priester John Seymor – wie die Jünger zu Pfingsten vom Heiligen Geist ergriffen – in fremden Zungen sprach.

allem gegen die afrobrasilianischen Kulte, die einst von verschleppten Sklaven auf die Zuckerplantagen gebracht wurden. Unter das Foto einer verstorbenen Candomblé-Priesterin druckte eine Zeitung der Universalkirche die Zeile: »Die Scharlatane der Macumba schaden Brieftasche und Leben.« Die Pfingstkirche wurde zu einer hohen Geldstrafe verurteilt, sie legte Revision ein. Verteufelung gehört zu ihren wichtigsten Absatzstrategien.

Freitag ist der Tag, an dem die Pfingstler die Dämonen austreiben. Unter einem rubinroten Kreuz feuert der Bischof die Menge und die »Besessenen« an: »Ich kann nicht ertragen, dass du so lebst. Ich kann nicht ertragen, dass der Teufel dich im Griff hat!« Dann nimmt er den Kopf ekstatisch zuckender Menschen und zieht »das Böse« aus ihnen heraus. Auch Marli hat das erlebt, eine ältere Frau mit wild toupiertem Haar. »In dem Moment fühlte ich mich geheiligt«, sagt sie, »alle haben es gesehen.« Marlis Erzählung ist durchdrungen von Bibelversen, Gleichnissen und Psalmen. Einst sei sie wegen des Candomblé-Zaubers einer Feindin fast zur Bettlerin geworden: »Eine andere Frau wurde ins Leben meines Mannes geschickt, ich wurde beklaut und habe alles verloren.« Erst die Universalkirche habe sie befreit: »In meinem Körper manifestierte sich der Dämon, der mich zum Alkoholtrinken verführte.« Sai!

Die Modernisierung der Magie zieht die Leute an. Die Gläubigen halten Bilder von Familienmitgliedern empor, heilige Öle werden verträufelt, Pflanzen genutzt, um böse Geister fernzuhalten. In der Universalkirche müssen sich die Menschen nicht als »Abergläubige« verstecken, sie dürfen ihre alte Kultur behalten und können sie zugleich überwinden.

Die Geschichte der Pfingstler begann vor hundert Jahren in Los Angeles. Dort erlebte damals der schwarze Priester John Seymour seine Wiedergeburt, indem er, wie die Jünger zu

Pfingsten, vom Heiligen Geist ergriffen, in fremden Zungen sprach. Seymour gründete die erste schwarze Gemeinde. Zwei junge Schweden brachten den neuen Glauben in den Norden Brasiliens. Den Arbeitern auf den Gummiplantagen war die neue Art, Spiritualität auszudrücken, viel näher als die hierarchischen Gottesdienste der Katholiken in Latein.

Die Christusfigur auf dem Corcovado, die ihre Arme schützend über Rio ausbreitet, wird immer kleiner, als das Flugzeug abhebt und Kurs auf São Paulo nimmt. Dort hat die Universalkirche heute ihren Verwaltungssitz. In dem Industriemoloch São Paulo, der ständig neue Gebäude für Hightechfirmen und Banken aus dem Boden stampft, ist es jetzt schick, Villen oben auf Wolkenkratzer zu setzen. Aus Sicherheitsgründen.

Die Zentrale der Universalkirche fällt bescheidener aus: ein eleganter grauer Verwaltungsbau. Werden die Bischöfe und Pastoren diesmal die Fragen beantworten, denen die Bischöfe und Pastoren in Rio ausgewichen sind? Keine Chance, das Religionsunternehmen ist so öffentlichkeitsscheu wie manche globale Konzerne. Interviews bestenfalls per E-Mail.

Im Franziskanerkloster in São Paulos altem Stadtkern arbeitet seit mehr als zwanzig Jahren der deutsche Ordensbruder Johannes Bahlmann. Er ist schlecht auf die »Sekten« zu sprechen, die dazu beigetragen haben, dass der Marktanteil der katholischen Kirche in Brasilien schon um mehr als ein Fünftel auf rund 73 Prozent gesunken ist. Millionen Brasilianer sind auf religiöser Wanderschaft. Auf dem Glaubensmarkt suchen sie nach Produkten, die zu ihnen passen. Die Pfingstgemeinden umwerben sie wie Wechselwähler.

Soziale Projekte richteten die Evangelikalen meist nur für die eigenen Mitglieder ein, bemängelt Bahlmann, »und nur mit Almosen. Das ist einfach und macht die Menschen abhängig.« Um die Allerärmsten kümmerten sie sich nicht. Er sagt:

»In unserem Obdachlosenheim sind viele ihrer Anhänger. Die lassen sie auf der Straße liegen. Statt Solidarität zu üben, huldigen sie dem Individualismus.«

Edir Macedo, Oberhaupt der Universalkirche, arbeitete vor seiner Selbstweihung zum Bischof bei der staatlichen Lotteriegesellschaft Brasiliens. Die Universalkirche gründete er 1977 in den Räumen eines Beerdigungsunternehmens in Del Castilho. Heute ist er mehrfacher Millionär und lebt in New York. Er sagt: »Die Kirche ist wie ein Fahrrad. Wenn es anhält, dann kippt es um.« Deswegen hält er seine Organisation pausenlos in Bewegung, treibt sie voran, auf der Suche nach neuen Kunden rund um die Welt.

In Afrika müsste sich die Universalkirche besonders gut entwickeln. Die Menschen dort sind religiöser als auf jedem anderen Kontinent.

São Paulo–Nairobi: Wer der Route der neuen Missionare folgen will, sucht vergeblich nach dieser Verbindung. Der Flugplan spiegelt noch die alte Kolonialzeit wider. Nach Europa kommt man leicht, Süd-Süd-Verbindungen sind kompliziert. Nach Kenia kommt man leichter über Frankfurt und Amsterdam.

Die Hauptstadt Nairobi wirkt unheimlich an diesem Sonntagvormittag, wie ausgestorben. Die Grünstreifen, die Rasenflächen, alles hat die Sonne verbrannt. Hirten aus den Hungergebieten im Norden Kenias haben ihre Kühe aus Verzweiflung auf das Brachland in der Stadt getrieben. In der Innenstadt verteilen junge Leute Flugblätter: »Der große Glaubenskreuzzug mit Bischof Luiz aus Brasilien«. Heilung wird versprochen, mit Ausrufezeichen und einer langen Liste: Magengeschwüre, Diabetes, Nierenprobleme, Epilepsie, alles heilbar. »Seien Sie nicht entmutigt!« Wie hat die gläubige Marli in Brasilien gesagt? Stolz sei sie, dass »einer von unseren Pastoren jetzt nach Afrika gegangen ist«.

Die brasilianische Universalkirche heißt hier Universal Church of the Kingdom of God. Neben dem Logo, der weißen Taube auf rotem Herz, prangt der Schriftzug auf der gelben Fassade des Globe Cinema, eines alten Kinos. Die Beschwörungen sind die gleichen wie in Rio, auch vieles andere, die Umschläge für den Zehnten, das heilige Öl. Nur dass hier Afropop vom Tonband läuft und Bischof Luiz, eine elegante Erscheinung im dunkelblauen Anzug mit funkelnder Armbanduhr, auf Englisch predigt. Es kommen zweihundert, während der Woche nicht mehr als dreißig Menschen in den Gottesdienst. Verfängt die Botschaft der Kirche hier nicht?

»In Kenia brennt das Buschfeuer der christlichen Erneuerung schon sehr lange!« Für Julius Murikwa, auch er ein evangelikaler Prediger, ist die Sache leicht erklärt. Er unterrichtet am Maryknoll Institute, das gegründet wurde, um Missionare mit der afrikanischen Kultur vertraut zu machen. Murikwa sagt, er kenne die Universal Church, aus Neugierde sei er öfter hingegangen, aber ihn störe das Gewicht, das diese Leute aufs Geld legen, und ihr fremder »Kult«. Dass sie mit ihrer Expansion in Kenia nicht so leicht vorankommen, wundert ihn nicht. »Hier müssen sie sich gegen einen sehr komplexen Markt behaupten.«

Auf diesem »Markt« kämpfen die alten Missionskirchen, vor allem Anglikaner und Katholiken, und ihre afrikanischen Varianten, die sich nach der Unabhängigkeit von den Mutterkonfessionen emanzipieren wollten. Daneben gründeten sich neue, örtliche »Independent Churches«, die von äußeren, »westlichen« Einflüssen nichts mehr wissen wollen und oft in Stammessprachen predigen. In den neunziger Jahren baute sich in Kenia wie in Brasilien die neue große Welle der Neopfingstler auf, aus anderen afrikanischen Ländern trug sie große Kirchen ins Land mit klingendem Namen wie die Winners

Chapel aus Nigeria. Charismatische Figuren haben ihre Kreuzzüge begonnen, Zehntausende Anhänger versammeln sich unter freiem Himmel oder in riesigen Zelten. Am Wochenende sind die Zeitungen hier wieder voll von den Ankündigungen solcher Predigten.

Jesus Salvation Flame Ministries, Maximum Miracle Center, Nairobi Lighthouse Church: Es scheint mehr Kirchen zu geben als Geschäfte. Schon morgens um sieben vor der Arbeit beten die Leute dort, oder sie treffen sich in der Mittagspause. Manche Pfingstkirchen haben große Gebäudekomplexe in einem blühenden Viertel für Wohlbetuchte nahe der Ngong Road gebaut. Andere richten sich in den Slums von Korogocho einen winzigen Raum her, direkt neben der giftigen Müllkippe. Hustend bringt ein alter Priester den Kindern des Dorfes Buchstaben bei.

Einzelkämpfer wie der Apostel Mwangangi werben im Fernsehen damit, Wunder vollbringen zu können, und reisen zu ihren Auftritten per Mercedes an. Aber ebenso gibt es die Chrisco Church in der Kenyatta Road, deren Presbyter meint, dass man mit Wundern, auch wenn es sie gebe, kein Geld machen dürfe. Er wünscht sich »verantwortliche Führungskräfte«, gegen die Korruption im Land. Diese Kirche war auch engagiert in der Debatte um Kenias Verfassung. Als Präsident Mwai Kibaki vergangenen Winter über den Entwurf abstimmen ließ, trugen die zuvor erklärtermaßen unpolitischen Pfingstler gemeinschaftlich zu dessen Scheitern bei. Sie stritten gegen die liberale Abtreibungsregel und dagegen, dass die islamischen Familiengerichte konstitutionell verankert werden.

Vor allem eines macht den Erfolg der ganzen Vielfalt aus Unabhängigen, Charismatikern und Pfingstlern in Kenia aus: Diese Kirchen verbinden die kenianische Kultur mit dem Christentum. Dass man verhext werden kann, ist für die

Kenianer eine Realität, die die Missionarskirchen nie akzeptiert haben. Auch die Ahnenreihe, die Familie präge die kenianische Identität ganz anders als im Westen, sagt der Pfingstkirchenprediger Julius Murikwa.

Traditionell fühlen Kenianer die Gegenwart auch verstorbener Verwandter, der »lebenden Toten«. Sie nehmen Einfluss auf das Leben, besonders wenn man ihren Namen trägt. Sie können beschützen, sie können schwächen, wenn man nicht in ihrem Geiste handelt. Krankheiten lassen sich deshalb nur spirituell heilen, nur gemeinsam mit der Familie. Deshalb spielt Heilung eine entscheidende Rolle in den Gottesdiensten der Pfingstler.

Dieses Weltbild ist auch den Menschen vom Land vertraut, die, von Dürren gepeinigt und oft chancenlos gegenüber dem Weltmarkt, keinen Ausweg sehen, als in die Stadt zu gehen; meist in Elendsviertel wie Korogocho. »Dort fühlen sie sich verloren, aus ihren Gemeinschaften herausgerissen«, sagt die Religionswissenschaftlerin Mary Getui von der Kenyatta University. »Sie wissen nicht, wem sie trauen können. In der Krise greifen sie zurück auf das, was sie kennen.« Die Pfingstkirchen geben Halt, sie bieten einen Verhaltensrahmen und eine Perspektive für den Aufstieg in der Stadt. Der Rückgriff auf die Tradition ist aber zugleich ein Ausdruck kulturellen Selbstbewusstseins. Und er übt Druck aus. »Sogar die katholische Kirche versucht jetzt, die afrikanische Kultur zu berücksichtigen«, sagt Mary Getui.

Der Kirche aus dem fernen Brasilien scheint das nicht gelungen zu sein mit ihrem standardisierten Glaubensprodukt. Dort sind die sozialen Verhältnisse ähnlich – aber nicht die Kultur. Doch Bischof Luiz besucht weiter den Englischkurs. Er denkt an die Erfolge seiner Kirche in anderen Ländern Afrikas: In Mosambik, wo man wie in Brasilien Portugiesisch spricht, gab es Massentaufen, Zigtausende Anhänger versammelten sich in großen Stadien. Dort hat die Universalkirche einen Radiosender gegründet und viele Zweigstellen. Bischof Luiz zeigt auf die Bauarbeiter, die vorn in der Kirche werkeln. Vielleicht hilft es ja, wenn das Globe Theater verschönert wird. Danach will er versuchen, Sendezeit im kenianischen Fernsehen zu bekommen.

Kinofilme

Manchmal bleiben einem ganz andere Bilder in Erinnerung als jene, nach denen man während der langen Reise gesucht hat. Man merkt es erst später, auf dem Weg zu einer Pfingstkirche mitten im Slum von Nairobi. Georg aus Berlin ist dabei, er kennt die kleine Gemeinde. Der Student schreibt seine Abschlussarbeit über die Eroberung Afrikas durch die evangelischen Erweckungskirchen. Er gehört einem italienischen Jesuitenorden an, der sich um die Armen kümmert.

Die Ordensbrüder leben in einem der schlimmsten Elendsviertel der Stadt, neben einer riesigen Müllhalde. In dieser unvorstellbaren, brütenden Enge ist man nie allein. Die Nachbarn der Ordensbrüder sind alleinerziehende Mütter, die sich als Prostituierte verkaufen, um ihre Kinder durchzubringen. Landflüchtige Familien leben hier, und Alkoholiker. Das notdürftig zusammengezimmerte Anwesen der Mönche besteht aus drei Verschlägen, die so etwas wie einen Innenhof bilden, aus Holzbetten, einem Tisch, alten Eisentöpfen, abgenutzten Decken. Fast nichts Persönliches ist hier zu entdecken, und über die Jahre ist nicht viel hinzugekommen. Alles ist im Grunde ein Nichts geblieben, und doch blickt man auf ein liebevolles Bild. Hier gibt es alles, was man zum Leben braucht.

Drei Jungen sitzen vor einer Hütte, die von alten Autotüren und Holzplatten zusammengehalten wird. »Kino« hat jemand über den Eingang geschrieben. Drinnen steht ein Fernseher. Die Jungen zeigen hier jeden Film, den sie kriegen können. Gäbe es das Kino nicht, bekäme man das Bild von der bewohnten Müllhalde nicht aus dem Sinn. Aber jetzt ist da auch noch dieses andere Afrika, das etwas ausstrahlen will.

ACHTE ETAPPE

Mit dem Datenstrom zurück nach Deutschland

von Ulrich Stock

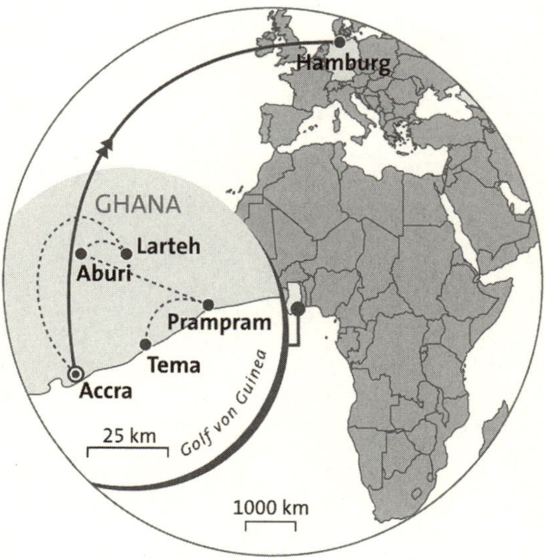

Schnurgerade geht es über geteerte Straßen, später über holprige Sandpisten, aber Klaus Schwickerath lässt sich nicht stören, wenn er erzählt. Gerade erzählt er von Dänen. »Sehen Sie, dort«, sagt er, kurz hinter Tema, »da wohnt ein Däne, der europäischen Elektroschrott verkauft. Die Ghanaer reißen ihm die Geräte aus den Händen, um sie zu reparieren! Schönes Anwesen, er baut jetzt an.« Ein anderer Däne hingegen, ein Nachbar von ihm, habe weniger Glück gehabt: »Der hat in großen Mengen Schweinsfüße importiert, eine Delikatesse hier. Dann ist er von seinem ghanaischen Partner übers Ohr gehauen worden. Jetzt will er sich auf das Absaugen von Sickergruben spezialisieren.« Klaus Schwickeraths Geschäft ist weniger handfest. Er verkauft den Zugang zum Internet, zu Information und Kommunikation, einer flüchtigen Ware. Er trägt die Globalisierung ins ländliche Ghana.

Man sieht es ihm nicht gleich an. Seine große Brille ist aus der Mode; zudem sitzt sie immer etwas schief. Sein Hyundai Stellar geht ins zwanzigste Jahr; das Dach ist vom Rost perforiert, das Armaturenbrett von Klebeband umrahmt, damit es unter den Stößen der Schlaglöcher nicht auseinanderfliegt. Auf der Rückbank halten sich Moses und Nathan fest, die schwarzen Techniker, zwei seiner sechs Angestellten. Ihren Chef nennen sie »Mister Klaus«.

Mister Klaus verzieht das Gesicht, wenn er an die vergangenen Monate denkt: Da war der umgekippte Mast oben in Aburi, der abgesoffene Sender auf dem Kirchturm von Larteh, die von Motorola aus Amerika nicht gelieferten Ersatzteile, der Groll der Witwe von Bob Marley und die ja nur zu berechtigte Verärgerung seiner Kunden in Ada, die nun seit über sechs Wochen kein Internet mehr haben. Aber jetzt wird alles besser!

Gerade kommt er aus Tema, wo er einen neuen Kunden angeschlossen hat. Brian Henkey, ein im Hafen tätiger Brite, ließ seinen halben Garten roden, um Rangierfläche für einen Bulldozer zu schaffen. Der Bagger hat dann einen 17 Meter langen, klappbaren Metallmast aus der Waagrechten in die Höhe gedrückt. An der Spitze des Mastes hängt ein Modul, das nur einem Zweck dient: Schwickeraths Internet zu empfangen. Sechs Männer schuften stundenlang bei 35 Grad im Schatten, bis der Mast endlich steht und verzurrt ist. Knallblaue Befestigungsseile spannen sich jetzt in die Büsche und Bäume – als ob ein Künstler die Fäden sichtbar machen wollte, mit denen das elektronische Netz die Welt durchzieht.

Brian Henkey freut sich, »Monate« habe er auf diesen Moment hingearbeitet, nun sei er frei von der staatlichen Telefongesellschaft Ghana Telecom und ihrer unzureichenden Technik! Schwickerath genießt den Triumph des Engländers, auf den Scheck über die Anschlussgebühr wartet er vergebens. Im Auto klagt er, die Zahlungsmoral der Europäer in Ghana sei noch schlechter als die der Ghanaer.

Kurz vor Prampram dann auch noch eine Polizeikontrolle! Die Polizistin klopft auf die Windschutzscheibe, hinter der die TÜV-Plakette klebt. Abgelaufen! Papiere? Schwickerath kramt murrend seinen deutschen Führerschein hervor, der mindestens doppelt so alt ist wie sein Wagen. Und der ghanaische Führerschein? Habe er nicht, blafft er, seit Jahren fahre er so, ohne Probleme! Und die abgelaufene Plakette? Er greift nach seinem Aktenkoffer. Hier! Er hat sie zufällig tags zuvor für ein Trinkgeld bei seinem Mechaniker erstanden. Die Polizistin ist nicht zufrieden. Sie hatte sich auf ein hübsches Sümmchen gefreut. Nun muss sie ihn fahren lassen.

Nach einem kurzen Stopp an einer Getränkebude, wo Schwickerath ein paar Flaschen Bier für den Abend einkauft, lässt sich der Motor nicht mehr starten. Schwickerath tropft der Schweiß von der Stirn. Aus dem Kofferraum holt er zwei

Wasserflaschen und leert sie in den Kühler, der wie ein Geysir zu spritzen beginnt. Dann springt der Wagen an, als wäre nichts gewesen.

Prampram, ein Fischerort am Golf von Guinea. Schon von weitem sind drei Masten zu sehen. Zwei dienen dem allgegenwärtigen Mobilfunk. Der höchste misst siebzig Meter. Er gehört PramSky, Schwickeraths Firma. »Moses«, sagt Schwickerath, »wir müssen das rote Licht oben erneuern, es ist kaputt.« Moses schaut nach oben. Das rote Licht soll Flugzeuge warnen, falls sich mal welche hierher verirren. Tatsächlich erfreut es mehr den Chef, der nachts von seinem Wohnhaus aus gern noch mal seinen Mast betrachtet. Neben ihm, am Boden, nicht weit von einem Termitenhügel, steht die Schüssel, die den Kontakt zum Satelliten hält. Über den Mast strahlen die empfangenen Impulse bis zu Brian, dem Engländer, und bis in die Berge nach Larteh, von wo aus sie nach Ada gesendet werden. Das Signal aus dem All einmal zu empfangen und als Radiowelle über eine Senderkette weiterzuleiten sei billiger, als in jedem Dorf eine teure Satelliten-Bodenstation aufzustellen, sagt Schwickerath. Aber wehe, wenn die Kette unterbrochen wird.

Ghana ist ein afrikanisches Musterland. Wirtschaftlich steht es besser da als die meisten Staaten des Kontinents. Es hat eine demokratisch gewählte Regierung mit Modernisierungsambitionen. In den Zeitungen wird angstfrei um die richtige Politik gestritten. Das soziale Klima ist entspannt. Die Leute sprechen Englisch, die Sprache der Globalisierung. Es gibt kaum Rassismus, kaum religiöse Konflikte, und die Kriminalität hält sich in Grenzen. Das eröffnet Möglichkeiten der Entwicklung in einer von Bürgerkriegen geschüttelten Region.

Diese Möglichkeiten zu nutzen ist eine andere Sache: Nach wie vor lebt das Land zu drei Vierteln von Gold, Holz und Kakao, vom Rohstoff-Export und dessen schwankenden Erlösen. Seit dem Ende der britischen Herrschaft vor fünf Jahrzehnten hat sich daran nichts geändert, während ein damals ähnlich armes Land wie Korea zur Industrienation avanciert ist. Die Koreaner haben Schwickeraths Hyundai gebaut, sie liefern auch Lastwagen nach Ghana und – zur Freude von Herrn Schwickerath – die passenden Straßen gleich dazu.

Ghana ist, wie der Kontinent insgesamt, vom amerikanisch-europäisch-asiatischen Globalisierungsschub weitgehend ausgespart. Zu lange hat man sich nur mit der Aufrechnung der traumatischen Kolonialzeit befasst. Man schaute viel zurück und wenig nach vorn. »Die Frage nach der Bedeutung technologischen Wandels ist in Afrika bis vor kurzem fast nie gestellt worden«, schreibt der Wissenschaftler Pascal Zachary von der amerikanischen Columbia University in seinem Essay »Black Star«. »1970 wurde der PC erfunden, 1980 kam das Netzwerk, 1990 das mobile Telefon, und 1995 rückten Information und Kommunikation in das Zentrum der ökonomischen Aktivität Europas, Amerikas und langsam auch des Rests der Welt. Afrika aber schlief.«

Das Aufwachen dauert. In Prampram gibt es eine Bank, in der die Kontoauszüge von Hand geschrieben werden, und eine Tankstelle, auf der ein Tankwart selbst den Hebel schwenkt, um Benzin in die klapprigen Autos und voll besetzten Kleinbusse zu pumpen. Immerhin macht ihn das unabhängig vom Strom. Nicht selten erstirbt abends um sieben alle Elektrizität. Manchmal bleibt sie 14 Stunden lang weg.

Dann liegt auch das Internetcafé von Schwickeraths Firma PramSky im Dunkeln. Zehn Plätze hat es, schöne hölzerne Boxen mit brauchbaren Computern darin, massive Stühle davor. Hier schart sich die Dorfjugend um die Geräte. Für 8000 Cedi, knapp achtzig Cent, pro Stunde kann sie schauen, was das Leben anderswo zu bieten hat. Google zeigt die neuesten Schlitten, die schärfsten Frauen. Man kann actionreiche Videospiele spielen oder Kinofilme sehen, die Moses aus dem Netz heruntergeladen hat. Man kann per Hotmail den nach Amerika und England entkommenen Verwandten E-Mails schreiben oder Bewerbungen für einen Job. Und wer nicht weiß, wie ein Computer funktioniert, dem hilft Cynthia Yeboah.

»Manche Leute fürchten sich vor der Maus, weil sie die für ein Tier halten«, erzählt die 23-Jährige, die als Gast ins Café kam und nun hier arbeitet. Andere Leute höben die Maus hoch, wenn sie den Zeiger nach oben bewegen wollten. Woher sollen sie's auch wissen? Bis vor drei, vier Jahren kannte man in Prampram keine Computer. Es war Klaus Schwickerath, der das änderte. Der Düsseldorfer Schiffsmakler und seine Frau hatten einst ein großes Vermögen, und um es weiter zu mehren, wollten sie Gold nach Deutschland importieren. Von Kenia aus, wo sie zeitweise lebten, klappte das anfangs gut. Dann versuchten sie das ganz große Geschäft mit der westafrikanischen Goldküste. Als die Lieferung eintraf, war nur wertloses Pulver darin. Die Schwickeraths waren ruiniert. Sie flogen nach Ghana, um den Betrug aufzuklären. Das gelang ihnen nicht, dafür blieben sie, weil sie in Ghana von dem wenigen Geld, das sie noch hatten, einigermaßen leben konnten. So jedenfalls erzählen sie ihre Geschichte.

Erst wohnten sie in den Hügeln von Akuapem, in denen schon die britischen Gouverneure der Malaria zu entkommen suchten. Später bezogen sie das Haus eines Freundes am Rande von Prampram. Die Terrasse liegt unter Palmen, der Blick fällt auf den Atlantik. Zu besonderen Stunden leuchtet er rosé, dann dreht Frau Schwickerath Mozarts »Requiem« auf volle Lautstärke. Fällt zum Abendessen der Strom aus, zündet sie die rußenden Öllampen an, und kommt – wie gerade erst geschehen – zwei Monate lang kein Wasser aus der Leitung, dann muss eben alle zwei Wochen der Tankwagen aus dem 25 Kilometer entfernten Tema heranrollen. So lassen sich alle Tücken überstehen.

Und außerdem gibt es ja noch Samuel, den *house boy*, einen Vater von vier Kindern, der »Missis Klaus« den Tag über in Haus und Garten zur Hand geht, für nicht mal fünfzig Euro im Monat. In Düsseldorf gäbe es den nicht. Ihr Mann aber fand keine Ruhe im brüchigen Idyll, er hatte Sehnsucht nach der Welt und beschloss, sie zu holen. Zwar gibt es Festnetztelefone in Ghana, ein paar hunderttausend für zwanzig Millionen Einwohner, und über diese kann man auch per Modem ins Internet gelangen, doch muss man bis zu hundertmal wählen – und wenn dann endlich die Verbindung steht, sackt die Netzspannung weg.

Irgendwann erfuhr Klaus Schwickerath von der Möglichkeit, das Internet über Satelliten nach Prampram zu leiten. Technisch machbar, aber teuer. Deshalb suchte er nach Gleichgesinnten und fand einen Partner: Jochen Bender, ursprünglich aus Breslau, aufgewachsen in der Türkei, später Elektroingenieur in Wuppertal, dann Krankenpfleger in Bochum, zuletzt Reifenhändler in Accra.

Bender wird 63, Schwickerath siebzig. »Wir sind ein geriatrisches Unternehmen«, sagt dieser. Aber ihr Geschäftsfeld könnte jünger und internationaler nicht sein. Als sie anfingen, ließ sich das, was sie anzubieten hatten, nicht einmal vorführen. Trotzdem gewannen sie zwei Dutzend Kunden, denn Deutsche haben in Ghana einen guten Ruf. 1600 Dollar nehmen sie für den Anschluss, 45 Dollar als monatliche Gebühr, das ist viel in einem Land, in dem die Ärmsten von einem Dollar am Tag leben. Die reichen Ghanaer rechnen lieber in Dollar als in der eigenen Währung, deren größte Banknote – 20 000 Cedi – keine zwei Euro wert ist.

»PramSky ist der billigste Anbieter in Ghana«, sagt Klaus Schwickerath stolz. In Prampram auch der einzige. Allerdings merkten sie schnell, dass in dem Fischerort nicht genug Kaufkraft vorhanden ist, um ihre Investitionskosten hereinzuholen. Also kamen sie auf die Idee, weitere Dörfer anzuschließen. Einerseits witterten sie ein Geschäft, andererseits konnten sie sich als Entwicklungshelfer fühlen. Nachteil bloß: Nun musste noch mehr Geld her für Masten und Schüsseln.

So sprang Klaus Schwickerath in seinen Hyundai und warb im Umkreis von hundert Kilometern für die revolutionäre Technik. Überall war das Interesse groß. So auch bei Rita Marley, der Witwe von Bob, die an der Hauptstraße in Aburi, fernab von allem Showbusiness, ein Aufnahmestudio betreibt.

Was will man mit dem Web in den hinterletzten Käffern, in denen es sonst so gut wie keine Annehmlichkeiten gibt? Diese Frage können nur Europäer stellen. Afrika will Internet, wie es Strom und fließend Wasser will. Der Bildschirm stiftet Teilhabe am internationalen Geschehen. Haben die Dorfbewohner erst einmal verstanden, wie man surft und navigiert, können sie davon nicht genug bekommen – ganz so wie ihre weißen Verwandten in den westlichen Metropolen. Mit einem Unterschied: Was sie im Computer sehen, ist nicht ihre Welt, sondern die der anderen.

Am 4. August 2005 eröffnete PramSky in Prampram das Internetcafé. Eigentlich war das nichts Besonderes, es war vielleicht das neunhundertste oder tausendste in Ghana. Aber fast alle anderen stehen in Accra, in der Hauptstadt, die Computer dort sind oft langsam, und meistens gibt es keine Toilette. Klaus Schwickerath hingegen brachte beides: DSL und WC. Wenig später ging der Sendemast in Aburi in Betrieb, und Rita Marley bekam ihr Internet. Von Aburi aus wurde auch Ada versorgt, Keta sollte hinzukommen. PramSky hatte eine große Zukunft vor sich. Doch dann, am 19. November 2005, nachmittags um vier, kippte der siebzig Meter hohe Mast in Aburi der Länge nach um. Glücklicherweise stürzte er weder auf das Sendehäuschen der benachbarten Mobilfunkgesellschaft noch auf ein nahes Einfamilienhaus – PramSky wäre am Ende gewesen.

Schwickerath ließ Gutachter kommen, Ghanaer. Sie besahen sich den Schaden, schrieben aber keinen Bericht, wohl um es sich mit der Mastbaufirma nicht zu verderben. Also musste ein deutscher Ingenieur her. Der schlug die Hände überm Kopf zusammen: Nicht einmal zehn Prozent der nötigen Verankerung seien vorhanden gewesen! Kaum Widerstand also gegen den tropischen Regen. Soll Schwickerath jetzt einen

© Jens Passoth

Klaus Schwickerath ist der Chef vom PramSky, ihm gehört das Internetcafé von Prampram. Er hat ständig neue Ideen. Ihm zur Seite steht der Techniker Moses Boye-Doe.

Prozess anstrengen? »Das kann in Ghana zehn Jahre dauern«, sagt er.

Es kam ihm der Glockenturm der presbyterianischen Kirchengemeinde von Larteh in den Sinn; das ist ein Dörfchen ein paar Kilometer weiter, den Pfarrer hatte er schon mal besucht und ihm vom Internet vorgeschwärmt. »Sie sind gottgesandt«, hatte der Pfarrer damals gerufen und spontan gebetet, um dem Herrn im Himmel zu danken für diesen Boten. Leider hatte der Pfarrer kein Geld für einen Anschluss gehabt. Nun aber, in der Not, konnte Schwickerath ihm ein Geschäft auf Gegenseitigkeit anbieten: seine Antenne auf dem Kirchturm und dafür Internet umsonst für die Gemeinde samt der angegliederten Dorfschule.

Vier Tage später hatten Moses und Nathan alles installiert – das wäre in Deutschland nicht möglich gewesen, sagt Schwickerath. Bloß Rita Marley schaute in die Röhre, denn zwischen ihr und dem Kirchturm wölbt sich ein Hügel. Schwickerath vertröstete sie auf eine Reflektorlösung, die ein Senden um die Ecke ermöglicht. Aber dafür brauchte er wieder einen Mast, um den Reflektor aufzuhängen, und den Reflektor brauchte er natürlich auch. »Aber Motorola liefert einfach nicht!«, ruft Schwickerath. Seit November warte er nun auf das Ding, aber die Amerikaner seien noch unzuverlässiger als die Afrikaner. Die hätten so ein Teil nicht auf Lager, sondern müssten es erst bauen. »Können Sie sich das vorstellen?«

Überhaupt, Motorola! »Am 15. Januar fällt der Sender in Larteh aus, wir hin, rauf in den Kirchturm, Moses schraubt den Deckel ab, und was kommt raus?« – Klaus Schwickerath schnappt nach Luft – »Ein Wasserschwall!« Die Luftfeuchtigkeit war im Gerät kondensiert, Konstruktionsfehler. Gut, Motorola habe das eingestanden, aber schon wieder warte er seit Wochen auf Ersatz.

Ada ist jetzt wieder abgehängt, und die Kunden dort zahlen nicht nur nicht mehr, sie kriegen auch schlechte Laune. Sie gehen jetzt zur Konkurrenz. Weil, wer einmal Internet hatte, es immer haben will. Rita Marley ist schon weg. Schwickerath hat im Vorbeifahren eine neue Antenne an ihrem Dach entdeckt. Die Witwe ist zu Ghana Telecom gewechselt, und was das bedeutet, mag er sich gar nicht ausmalen: Der staatliche Konzern ist aufgewacht und experimentiert nun in ausgesuchten Gebieten mit ebenjener Technik, die auch PramSky einsetzt. Wenn demnächst nicht alles besser läuft, ist das Start-up-Unternehmen am Boden, bevor es richtig abgehoben hat. Jeden Tag ruft Schwickerath jetzt in Accra an oder schickt eine E-Mail. Doch sein deutscher Lieferant kann ihn immer nur vertrösten.

Accra ist ein feuchtheißer Millionenmoloch, in dem einige Menschen schick und schön wohnen in sorgsam eingemauerten Grundstücken, mit Wassertank und Notstromaggregat, Festnetztelefon und neuerdings auch Internetanschluss. Die meisten anderen hausen in lausigen Baracken unter bedrückenden Bedingungen, aber immerhin mit Mobiltelefon. Accra hat einen Flughafen, auf dem irgendwann Schwickeraths Ersatzteile landen werden, und ein riesiges Messegelände, auf dem die jährliche Handelsausstellung stattfindet.

Stolz hat dort ein junges Unternehmen Gelbe Seiten für Accra präsentiert. Nach Branchen geordnet, mit Adressen, Telefonnummern und einem Stadtplan. Wenn die Straßen beschildert wären, hätte der Stadtplan sogar einen Sinn. Es gab mal Schilder, aber weil die Stangen, an denen sie befestigt waren, so gut als Rohrleitungen taugten, wurden sie nach und nach abgesägt. Die private Sehnsucht nach sanitären Anlagen verdrängte den öffentlichen Wunsch nach Orientierung – das sagt viel über die schwierige Balance im Land.

Eine der wichtigsten Straßen in Accra ist die Ring Road. Vierspurig startet sie am Atlantik und führt im weiten Bogen zurück. In der Regenzeit führt sie auch Wasser, das in knietiefen Schächten links und rechts der Fahrbahn ablaufen kann. Regnet es nicht, landen stinkende Abfälle darin, gefolgt von Würmern, Fliegen und unaufmerksamen Passanten.

Parallel zum Regenwasserkanal verläuft ein Glasfaserkabel. Es verbindet die Fluggesellschaften, Handelshäuser und Mobilfunk-Unternehmen längs der Ring Road mit dem World Wide Web. Nicht per Satellit wie auf den Dörfern des Klaus Schwickerath bekommen sie ihr Internet, sondern aus dem Seekabel, das von Portugal aus auf dem Boden des Atlantiks nach Südafrika führt. Es liegt erst seit ein paar Jahren, und alle Länder, die einen Abzweig wollten, konnten einen bekommen – wenn sie zahlungskräftig waren. Ghana hatte die 24 Millionen Dollar, das östliche Nachbarland Togo nicht.

Ein einziges Kabel für ganz Westafrika, das ist nichts verglichen mit den europäischen Glasfasernetzen, die untereinander konkurrieren und so für hohe Datenraten und niedrige Preise sorgen. Internet über Glasfaser ist billiger als über Satellit und schneller. Von Accra nach London zu den großen Servern sind es über das Kabel nur wenige tausend Kilometer. Per Satellit sind es 36 000 Kilometer hoch und 36 000 Kilometer wieder runter, das gibt schon eine Signalverzögerung von einer halben Sekunde, und wer wollte die hinnehmen, abgesehen vielleicht von jenen Bewohnern Accras, die am helllichten Tag am Rand der Ring Road auf Sesseln hingestreckt liegen und schlafen.

An der Ring Road liegt auch Busy Internet, das mit 100 Bildschirmen größte Internetcafé Afrikas. Es hat eine Druckerei, einen Bildservice und bietet Geschäftsleuten ohne eigenes Büro Festplattenspeicherplatz zur Miete an. Rund um die Uhr ist es geöffnet und meistens voll. Im Callcenter kann man für wenig Geld über das Internet in die ganze Welt telefonieren. Im Obergeschoss gibt es Geschäftsräume für junge Unternehmen aus dem IT-Bereich. Eine dieser Firmen bekommt übers Netz Dateien mit Strafmandaten aus New York, wandelt sie in Zahlungsaufforderungen um und mailt sie zurück.

Busy Internet, das auf verblüffende Weise dem Internetcafé am Kurfürstendamm in Berlin ähnelt, will jedem Besucher sagen: Es geht voran hier, und du kannst dabei sein! Bleib in Ghana, es entwickelt sich! Das tut auch not, denn geschätzte acht von zehn Kunden suchen vor den Schirmen nur nach Wegen, ihrem Land zu entfliehen. Stipendien, Jobs, Einladungen, ganz egal. Bloß heraus aus diesem Stillstandsgebiet.

Im ersten Stock des Gebäudes sitzt Estelle Akofio-Sowah. Die 33-Jährige, halb Ghanaerin, halb Schottin, ist Chefin von 110 Mitarbeitern in drei Schichten. Gerade ist sie zum zweiten Mal Mutter geworden, ihr Kind schläft nebenan. Sie versteht sich mehr als Sozialarbeiterin denn als Geschäftsfrau. »Wir wollen den Leuten eine Arbeitsumgebung bieten, damit sie anfangen zu arbeiten«, sagt sie. Einen Internetzugang als solchen empfindet sie noch nicht als Fortschritt. Vom Betrug mit gestohlenen Kreditkartennummern reichen die Schattenseiten der neuen Technik bis hin zum westlichen Überfluss, der unvermittelt aus den Schirmen quillt und den latenten Selbsthass vieler Afrikaner zu steigern vermag: Sie sind nichts, und sie werden nie etwas sein. Sie taugen nur als Publikum.

Es gehe deshalb, sagt die Chefin, eben nicht nur um den Zugang zu Information, sondern auch um den Umgang mit ihr. Deshalb bietet Busy Internet viel Aus- und Fortbildung an, auch monatliche Diskussionsabende zu Themen wie Internet und Landwirtschaft, Liebe am Bildschirm, Web und Geld. An den Vormittagen kommen Klassen, acht- bis fünfzehnjährige

Schüler, um zu lernen, wie man ein E-Mail-Konto einrichtet, ein Bild verschickt, eine Information recherchiert.

Die sozial engagierte Geschäftsfrau Estelle Akofio-Sowah, die lange in Schottland gelebt hat, zählt zu den wenigen gut ausgebildeten Ghanaern, die in ihre Heimat zurückgekehrt sind. Ein großer Teil der Elite lebt außer Landes. »Was wäre ich in Schottland?«, fragt sie. »Eine solche Firma würde mir dort nicht anvertraut.«

Klaus Schwickerath kommt häufiger an ihrem Büro vorbei. Aber er will nicht zu ihr, er will zu Ecoband Networks, seinem Lieferanten am Ende des Flurs. Schwickerath will wissen, wo die Ersatzteile bleiben. Aber Alexander Sulzberger, der deutsche Chef, muss ihn wieder enttäuschen: Er habe sie auch heute nicht, leider. Was wird aus Ata, jammert Schwickerath, was aus Keta? Was wird aus der Taubstummenschule in Mampong, die so gern ans Netz will, oder dem deutschen Nonnenkrankenhaus in Batter? Und was wird aus ihm? Manchmal hellt sich seine Stimmung erst zu Hause in Prampram wieder auf, wenn ihn seine Frau am Ozean zur Cocktailstunde erwartet. Dann nehmen sie einen Gin Tonic, schauen sich im Laptop www.tagesschau.de aus Hamburg an und denken an ihren Sohn Harald, der auf St. Pauli lebt.

Früher war er Werbetexter und hat sehr ordentlich verdient. Dann hat er den Job aufgegeben, um sich seinen Traum zu erfüllen. Jetzt lebt er als freier Musiker ein ähnlich riskantes Leben wie die Eltern, spielt heute hier, morgen da, manchmal läuft es gut, dann wieder ist das Geld verdammt knapp. Harry Bum Tschak nennt er sich, passend zu seinem Schlagzeug. Hin und wieder rührt er an der Elbe im Musicalzelt die Trommel. Da gibt es Abend für Abend den »König der Löwen«, eine bewegende Geschichte aus Afrika, die am Ende gut ausgeht.

Gelegentlich ruft Frau Schwickerath ihren Sohn übers

Internet an, das kostet fast nichts. Zum Geburtstag schickte sie ihm einen handgeschriebenen Brief, den sie nicht bei der unzuverlässigen Post aufgeben musste. Ihr Mann scannte die Seiten einfach ein und schickte sie per E-Mail. Ein Tastendruck in Prampram, und schon sind sie in Hamburg.

PS: Klaus Schwickeraths Firma PramSky konnte am Ende die vielen Rückschläge nicht verkraften. Im Herbst 2006 wurde sie von der Konkurrenz geschluckt, einem Betrieb, der einem Libanesen aus Accra gehört. Einige Monate später wurde Klaus Schwickerath schwer krank. Er starb am 15. Februar 2007. Seine Witwe zog fürs Erste zu Freunden nach Amerika.

Jörg Burger, 42, studierte Journalistik in München und London. Er war Redakteur bei Tempo, seit 1996 ist er bei der ZEIT. In Berlin arbeitet er für das ZEIT-Magazin Leben.

Christiane Grefe, 50, besuchte die Journalistenschule in München und wurde Redakteurin bei der ZEIT, dem Magazin der Süddeutschen Zeitung, der Wochenpost und GEO-Wissen. Seit 1999 ist sie Reporterin im Berliner Büro der ZEIT.

Stephan Lebert, 46, besuchte die Münchner Journalistenschule, wurde danach Reporter bei der Süddeutschen Zeitung, beim Spiegel und Tagesspiegel. Seit 2004 ist er Reporter bei der ZEIT.

Jana Simon, 35, studierte Osteuropastudien, Politologie und Publizistik in Berlin und London. Von 1998 bis 2004 war sie Reporterin beim Tagesspiegel, seit 2004 ist sie Autorin der ZEIT.

Ulrich Stock, 48, studierte Chemie und Medizin, wurde ZEIT-Redakteur und stellvertretender Ressortleiter (Modernes Leben, Dossier). Heute ist er ZEIT-Reporter und Entwickler des Musikangebots von ZEIT online.

Henning Sußebach, 35, studierte Journalistik in Dortmund, im Jahr 1998 ging er zur Berliner Zeitung. Von 2001 an arbeitet er als Redakteur für das Berliner ZEIT-Ressort Leben, seit 2007 für das ZEIT-Magazin Leben.

Wolfgang Uchatius, 37, studierte Volkswirtschaft und Journalistik in München und Leicester, besuchte außerdem die Journalistenschule in München. Seit 2007 ist er Reporter der ZEIT.

Stefan Willeke, 42, wurde im Jahr 1996 Redakteur im Ressort Dossier der ZEIT in Hamburg, später stellvertretender Ressortleiter. Seit 2004 ist er Reporter der ZEIT.

Anne Gerdes, 27, hat die Grafiken in diesem Buch erstellt. Sie studierte an der Hamburger Akademie für Kommunikationsdesign und Artdirection, war beim Spiegel und ist seit 2005 Infografikerin bei der ZEIT.

Mit Fotografien von:
Michael Herdlein (S. 20)
Axel Koester (S. 100)
Giovanni Melillo (S. 118)
Nick Nostitz (S. 62)
Jens Passoth (S. 156)
Jan Siefke (S. 82)
Ricardo Teles (S. 136)
Tobias Walther (S. 42)

FSC
Mix
Produktgruppe aus vorbildlich
bewirtschafteten Wäldern und
anderen kontrollierten Herkünften

Zert.-Nr. GFA-COC-1223
www.fsc.org
© 1996 Forest Stewardship Council

Originalausgabe
Juni 2007
BvT Berliner Taschenbuch Verlags GmbH, Berlin
© Zeitverlag Gerd Bucerius GmbH & Co. KG, Hamburg
© 2007 Berlin Verlag GmbH, Berlin
Einführung: © 2007 Stefan Willeke
Fotos: © 2007 Michael Herdlein (S. 20), Tobias Walther (S. 42),
Nick Nostitz (Focus, S. 62), Jan Siefke (S. 82), Axel Koester (S. 100),
Giovanni Melillo (S. 118), Ricardo Teles (Focus, S. 136),
Jens Passoth (S. 156)
Umschlaggestaltung: Rothfos & Gabler, Hamburg,
unter Verwendung je eines Fotos von © Giovanni Melillo
und © Nick Nostitz sowie je zweier Fotos
von © Tobias Walther und © Jens Passoth
Gesetzt aus der Minion und der Balance durch psb, Berlin
Druck und Bindung: Clausen & Bosse, Leck
Printed in Germany
ISBN 978-3-8333-0460-6

www.berlinverlage.de

Jürgen Schreiber

»Gewissermaßen ein Fotobild von Gerhard Richter.«
Ernst Piper, Frankfurter Rundschau

Jürgen Schreiber
Ein Maler aus Deutschland

In einer faszinierenden Spurensuche wird hier erstmals die unglaubliche Familiengeschichte des weltberühmten Malers Gerhard Richter enthüllt – eine Geschichte, die drei Deutschlands umspannt und in der sich die Lebensläufe von Opfern und Tätern auf dramatische Weise kreuzen.

»Ein erschütterndes, ein aufklärendes Buch – die einzigartige Recherche eines brillanten Reporters.«
Hans-Ulrich Jörges, Stern

Berliner Taschenbuch Verlag
Weitere Informationen: www.berlinverlage.de

Karen Armstrong

»Ein vortreffliches Gegenmittel gegen sämtliche Vorurteile.« Financial Times

Karen Armstrong
Kleine Geschichte des Islam

Erstens: In der westlichen Welt wird keine Religion so gefürchtet und mißverstanden wie der Islam. Zweitens: Der Islam hat weltweit die meisten Anhänger. Daraus folgt: Eine fundierte Kenntnis dieser Religion ist unabdingbar. Karen Armstrong erläutert Wesen und Motive des Islam von seinen Anfängen bis heute. Und sie erklärt, warum sich der Westen und der Islam nicht unbedingt auf Kollisionskurs befinden müssen. Ein Standardwerk.

»Karen Armstrong schreibt mit großem Gespür und Intelligenz.« *Sunday Telegraph*

Berliner Taschenbuch Verlag
Weitere Informationen: www.berlinverlage.de

Richard Sennett

Der neue Sennett – noch präziser, noch provokanter!

Richard Sennett
Die Kultur des neuen Kapitalismus

Welche menschlichen Folgen hat die politische Ökonomie, in der wir leben? Laut Richard Sennett zeigen sich die Auswirkungen des Kapitalismus darin, wie Institutionen organisiert sind und wie die Menschen in ihnen leben. In Fortführung seines Bestsellers *Der flexible Mensch* zieht Richard Sennett eine bestechende und provokante Bilanz seiner langjährigen Beschäftigung mit den Folgeerscheinungen des Kapitalismus.

»Wer wissen will, wie Kapitalismuskritik in Zukunft klingen wird, der sollte nicht auf die Radikalinskis achten und mehr auf die sanfte Stimme von Richard Sennett hören.« *Die Welt*

Berliner Taschenbuch Verlag
Weitere Informationen: www.berlinverlage.de

Frank Westerman

»Wirkungsvolle Munition gegen Gewissheiten.«
Süddeutsche Zeitung

Frank Westerman
El Negro
Eine verstörende Begegnung

In einem kleinen Museum in Spanien entdeckt Frank Westerman 1983 einen ausgestopften Afrikaner. Er folgt dem Weg, den »El Negro« gegangen ist: von Afrika über Paris bis in die Pyrenäen.

»El Negro hat einen politisch-historischen Gegenstand und ist zugleich eine Kriminalgeschichte in Reportageform und ein Sachbuch als Entwicklungsroman.« *Literaturen*

»Frank Westerman ist ein hervorragender Erzähler.«
DeutschlandRadio Kultur

Berliner Taschenbuch Verlag
Weitere Informationen: www.berlinverlage.de